早わかり

メイクの秘密

ベビーパウダー

...のネタ帳

JN245759

メイクの質問 一覧

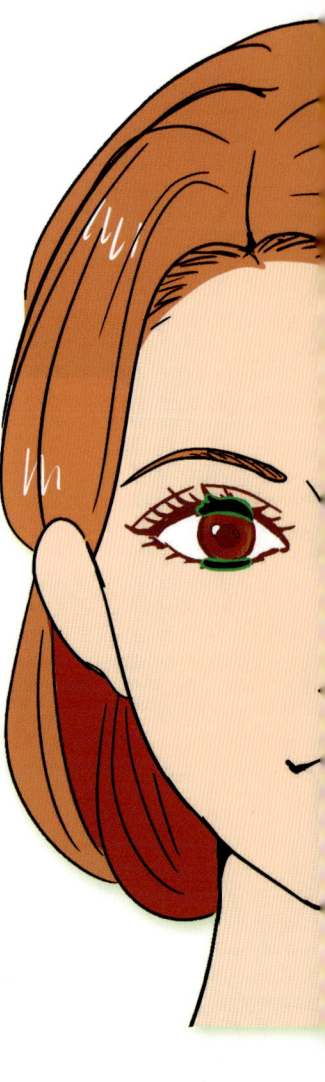

この索引は、本書に掲載した Q&A48 問の Question を抜き出した
ものです。第1章～第5章の気になる解説から早読みできます！

第3章 アイメイク

第4章 チーク・リップ

第5章 メイク直し

パーツ別索引

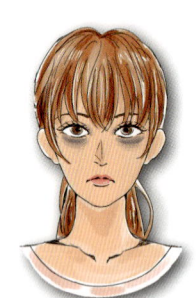

この索引は、本書に掲載した項目をパーツごとに並べてあります。顔の気になるパーツから早読みできます！

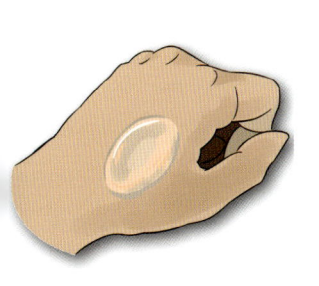

目

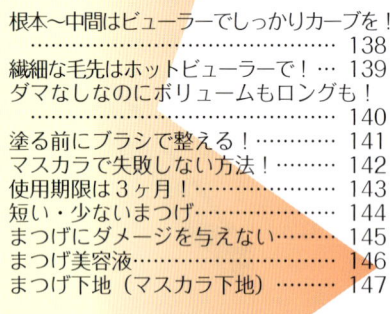

眉

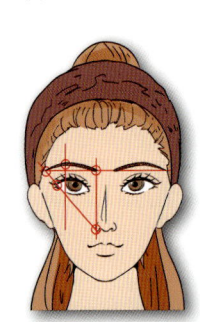

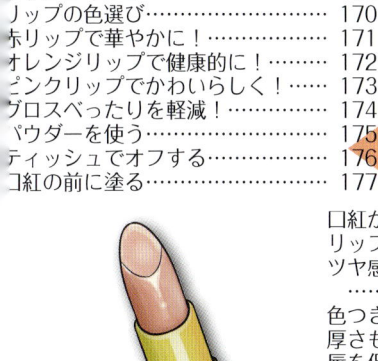

唇

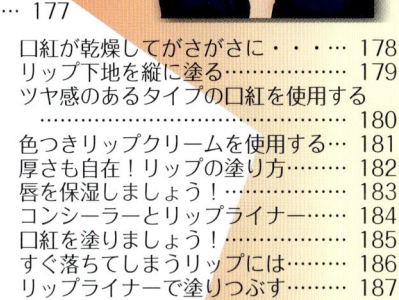

頬と小顔

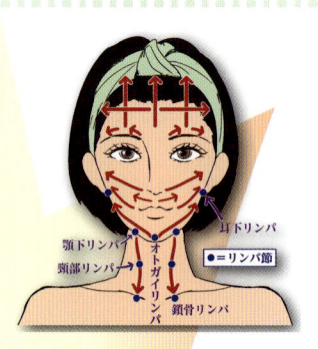

ニキビ

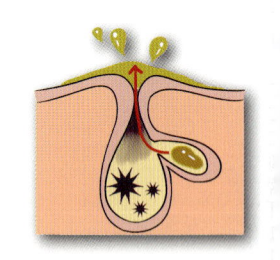

紫外線

アンチエイジング

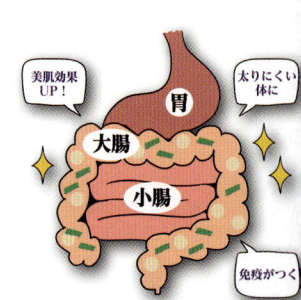

目　次

第1章 スキンケア

早わかり

話のネタ帳

乾燥知らず！うるおうスキンケア

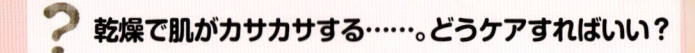 **？ 乾燥で肌がカサカサする……。どうケアすればいい？**

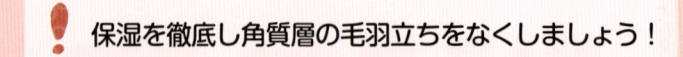 **！ 保湿を徹底し角質層の毛羽立ちをなくしましょう！**

　肌の潤いが足りず角質層が毛羽立つと、いくらメイクでカバーしようとしてもファンデが浮いて崩れやすくなります。毎日のスキンケアをていねいに行い素肌を整えることが大切です。

ポイントは……

①　洗　　顔

②　化粧水

③　乳　　液

【酸化した皮脂】

　皮脂はもともと肌を守るために分泌されますが、時間が経つと酸化しニキビやくすみ、シワやシミなどのお肌の老化に繋がります。正しいスキンケアで酸化を予防し、若々しく美しい肌を維持しましょう。

❶ 洗　顔

　皮脂を落としすぎないことと、皮膚をこすらないことが乾燥しない洗顔の基本。朝は洗顔によって必要な皮脂まで落とさないよう、35℃程度の冷たくないぬるま湯で 10 ～ 20 回ザッと洗い流し、皮脂が出やすいTゾーン（額、小鼻、顎）を多めに洗うようにしましょう。

　冷水での洗顔は皮脂の落としすぎを防ぎますが、毛穴が引き締まるため、その後の化粧水が浸透しにくくなります。皮脂の残りが気になる際は、洗浄力の弱い洗顔料を使いましょう。

【洗顔料の選び方】

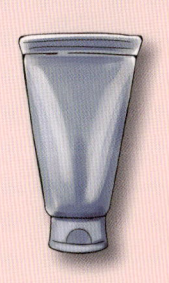

・保湿力のあるもの

　洗顔後も肌が突っ張らない（＝乾燥しない）ものが保湿力のあるものです。アルコールが入っているものは乾燥しやすくなってしまうので避けましょう。

・洗浄力が弱いもの

　洗浄力が強いと肌の乾燥を招き、カサカサの原因となります。乾燥から肌を守るためには、最低限の洗浄力でOK。石鹸タイプの洗顔料は洗浄力が強めです。

 ### 【ハンドプレス】

　皮脂の酸化を防ぐためにも保湿が大切です。化粧水をより一層浸透させるコツは、優しいタッチで肌に押し込むように、ハンドプレスを 2 ～ 3 回繰り返すことで浸透効果が高まります。

2 化粧水

化粧水には、角質を柔軟にして水分と保湿成分を与え、肌を整える効果があります。一般的な化粧水の成分は、80〜90％が精製水で、残りは防腐剤や保湿成分、乳化剤や香料などの成分からできています。化粧水にはさまざまな種類があるので、肌質や目的にあわせて使い分けるのが効果的です。

洗顔後、直径2〜3㎝くらいの化粧水を手に取って顔にやさしくハンドプレスします。2〜3回繰り返し、肌がひんやりとしてきたら完了です。乾燥肌の方は、角質をつなぎ止め、肌を守る成分が入っている〝セラミド〟が含まれている化粧水が効果的です。

【 化 粧 水 の 選 び 方 】

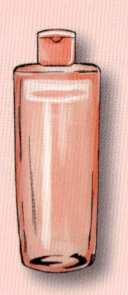

・保湿成分配合のもの

「セラミド」や「BG（ブチレングリコール）」や、「ヒアルロン酸」、「グリセリン」などの成分が入っている化粧水は保湿力が高く乾燥対策に適しています。

・エタノールが入っていないもの

「エタノール（アルコール）」は、サッパリとした付け心地が特徴ですが、エタノールの揮発性が高いので、揮発と同時に肌の水分を奪ってしまいます。

 【セラミド】

健やかな肌のために必須の成分「セラミド」は、角層細胞間のすき間を満たす接着剤のような成分で、肌の潤いを保ち、外部刺激から肌を守り、肌のバリア機能の主役となっています。

❸ 乳　液

　化粧水で保湿した肌をそのままにしてしまうと、せっかく浸透させた化粧水の水分が蒸発し乾燥を招いてしまいます。
　乳液は、化粧水により保湿した肌の水分を逃がさぬようにする〝フタ〟の役割があります。Tゾーンの皮脂が気になるときは薄く、乾燥が気になるUゾーン（頬、フェイスライン）には重ね塗り、とくに乾燥しやすい目もと、口もとには多めに塗りましょう。しかし、ベタつきを残してはいけません。ベタついている部分は油分が過剰となっているので、ニキビやメイク崩れの原因になることがあります。時間をおいて肌に馴染ませるか、ティッシュオフし余分な油分は取り除きましょう。

【 乳 液 の 選 び 方 】

・保湿成分配合のもの

　化粧水で紹介した成分以外にも「コラーゲン」、「エラスチン」といった保湿成分があります。化粧水で物足りない場合には、乳液も保湿成分が入ったものを選びましょう。

・ビタミンCに注意

　美白に良いとされているビタミンCや、ビタミン誘導体は肌から浸透させることが難しく、刺激が強く乾燥のファクターになってしまいがちです。乾燥肌の方は避けるのが無難でしょう。

【コットンは使わないの？】

　乾燥が激しく角質が毛羽立ってしまっている場合は、化粧水をたっぷり浸したコットンでパッティングしましょう。目安は頬に手をあて、少しひんやりしたら化粧水の水分が肌に浸透したサインです。

テカリが気になる

❓ 皮脂が多くてテカってしまいます・・・

❗ 食べ物もコスメでも、油分の摂取は控え保湿も入念に！

　皮脂の過剰分泌は、体質のほかに「乾燥」と「ホルモンバランスの乱れ」が主な原因となっています。原因にあった対策をすることで、皮脂の過剰分泌をおさえることができます。

ポイントは……

①　インナードライ

②　生活習慣の乱れ

③　脂性肌体質

【皮脂の過剰な分泌の原因】

　食事による脂質の過剰摂取が、皮脂の過剰な分泌の原因となる場合もあります。飽和脂肪酸を多く含むバターや牛脂、ラード、肉類、ショートニングなどを摂り過ぎないようにして、ビタミン不足にも注意しましょう。

① インナードライ

角質の水分と油分のバランスが崩れ、肌の内側は乾燥しているのに、肌の外側は皮脂でベタついてしまっている肌の状態をインナードライ（乾燥性脂性肌）といいます。一見、オイリー肌に感じてしまうので、過剰な洗顔や誤ったスキンケアで一時的に乾燥した肌を守ろうとし、かえって皮脂が多く分泌されてしまいます。

根本的な原因は、肌の乾燥によるもので乾燥肌の症状がより進んだ状態なので、乾燥肌同様に保湿を入念にすることで改善できることが多いでしょう。

【インナードライの対策方法】

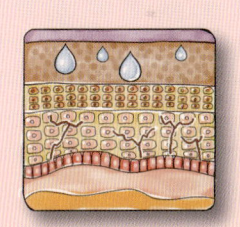

一見すると、乾燥肌と脂性肌の両方の特徴を兼ね備えているインナードライ肌ですが、根本原因は乾燥によるものなので、乾燥肌と同じように保湿をしながら、過剰に分泌してしまった皮脂のケアもしましょう。

二つを一緒に対策できるような化粧品（混合肌用）を選ぶと効率がよいでしょう。

【ドライスキン】

冬の乾燥などでドライスキン気味の方は、洗顔方法の見直しはもとより、入浴時には熱い湯に入りすぎないようにしたり、擦りすぎないようにして低刺激な石鹸の使用や、保湿力に優れたセラミド、ヘパリン、ヒアルロン酸配合のローションなどでしっかりケアしましょう。

❷ 生活習慣の乱れ

　女性ホルモンは肌と密接な関わりをもっていて、中でも肌と関わりが深いのは〝卵胞ホルモン（エストロゲン）〟と〝黄体ホルモン（プロゲステロン）〟です。不規則な生活や、睡眠不足、ストレスなどでこれらのホルモンバランスが崩れやすくなると、皮脂が過剰に分泌され、肌荒れやニキビの要因になったり睡眠不足によるセラミドの減少、ストレスによる男性ホルモンの増加など、さまざまな肌ストレスに直面してしまいます。

　とくに、思春期と更年期の二度バランスを崩しやすい時期があり、ストレスや過度なダイエットもホルモンバランスを崩しやすくする要因になるので注意が必要です。

【エストロゲンとプロゲステロン】

・エストロゲン（卵胞ホルモン）

　月経後、排卵に向かって分泌増加し、次の月経の直前に急激に減少するホルモンで、肌の弾力に関わる細胞に働きかけ、ヒアルロン酸やコラーゲンの生成を促進させます。肌の潤いやハリに重要なホルモンです。

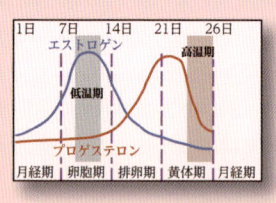

・プロゲステロン（黄体ホルモン）

　排卵後、黄体が形成されてから次の月経の直前まで分泌されるホルモンで、子宮内膜を妊娠前の状態に整え、皮脂の分泌を活発にするホルモンです。

【ホルモンバランス】

　皮脂コントロールにはホルモンバランスも大切です。ストレス、ダイエットによる栄養不足、加齢、ホルモン療法のための投薬や環境ホルモンの影響などで男性ホルモンの濃度が高くなると、皮脂の過剰分泌や角質を厚くさせてしまう働きがあります。

❸ 脂性肌体質

　肌表面の皮脂の量と角質層の水分量で、〝普通肌〟〝乾燥肌〟〝乾燥性脂性肌〟〝脂性肌〟の４つに分けられます。その中で、皮脂量、水分量とも多いのが、一般的な分類でいう脂性肌です。

　この〝肌質〟というよび方が〝肌質は変わらないもの〟のような印象を与えがちですが、遺伝などで生まれつきの傾向を除けば、あくまで〝肌の一時的な状態〟であることが多く、加齢、外部環境、日常生活やスキンケアの影響で肌の状態が決まっていきます。

　「遺伝」、「年齢」、「季節」、「間違ったスキンケア」、「よくない生活習慣」などを考慮して、自分にあったお手入れをしましょう。

【皮脂の役割とは】

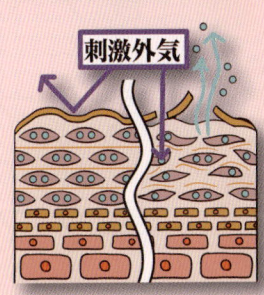
刺激外気

　「皮脂線」と皮脂腺から分泌される「皮脂」、そして皮脂と汗などで作られる「皮脂膜」は、水分の蒸発を防ぎ、保湿の一翼を担う。

　病原菌や紫外線など外部の刺激から肌を守る最初のバリア機能を果たす。

・表皮常在菌のバランスを保ち、お肌を弱酸性に保つ。

など、お肌にとって欠かせない役割をになっています。

【脂性肌の対処法】

　ゴシゴシ洗顔や刺激の強い洗顔で皮脂を取り過ぎないことが大切です。お肌は外的な防護のために皮脂分泌を促します。これを繰り返すと、常に皮脂分泌が過剰な状態となり、水分の量は増えないまま、皮脂だけが増えた乾燥性脂性肌やインナードライ肌を引き起こしやすくなります。

目の下のクマ・くすみ対策

？ 目の下のクマが気になる・・・どうやって治せばいい？

！ クマは3種類に分類されます。タイプ別にケアして、生き生きした目もとに！

　クマには青クマ・茶クマ・黒クマの3種類あり、それぞれ原因が異なるため、原因に合った対策を行うことが大切です。〝どんより目もと〟の原因をしっかり理解して、正しいケアで〝潤う目もと〟になりましょう。

ポイントは……

❶ 青クマ

❷ 茶クマ

❸ 黒クマ

【体質改善】

　目の周りだけではなく、眼球そのものを健やかに保つことが目もとケアには大切です。サプリメントを併用して体の中からケアしてみましょう。
　ビタミンA・ビタミンB群は、眼精疲労やくすみケアに効果的です。その際に、タンパク質と一緒に摂ると代謝、再生を促進してくれます。

❶ 青クマ

〝青クマ〟は、血液が目の下の薄い皮膚に透け、青黒く見えるクマです。目の下を軽く引っ張ると、クマが薄くなりますが、完全には消えないのが青クマの特徴です。睡眠不足や疲れ・冷えなどによる血行不良が主な原因といわれています。

　まず蒸しタオルで温め、マッサージで血流を良くしましょう。睡眠不足を解消するように心がけることも大切です。

　眼精疲労が強い場合は、アロマオイルやエッセンシャルオイルを少量含ませた蒸しタオルで温めるのも効果的です。

　また、甘い物の食べ過ぎや

運動不足に注意し、お風呂では湯船にしっかりつかって、血流を促すようにしましょう。

【効果的な簡単マッサージ方法】

　温感クリームや乳液をつけ、薬指の腹で目頭側から目尻方向に沿って優しくクリームを馴染ませます。

　下まぶたの中央を軽く押さえるようにポンポンと、目尻側に沿って引き上げるようにマッサージしましょう。

　最後に目頭のくぼみを軽く押さえるように優しく指圧し、2～3回繰り返します。蒸しタオルで温めながら行うとより効果的です。

【マッサージは重要？】

　アロマオイルやエッセンシャルオイルで、マッサージをしてみましょう。

　精油の効能を存分に活かし、眼精疲労やストレスの緩和など、気分や体調に合わせたオイル（植物アレルギーには要注意）で、リフレッシュ＆デトックス！

② 茶クマ

〝目の周りの摩擦〟、〝マスカラやアイラインが落としきれずに生じるメラニン色素の沈着〟、〝シミ〟が原因で、茶色く見えるのが「茶クマ」の特徴です。

青クマや黒クマと違い、引っ張ったり上を向いたり、血行を促しても消えることは難しいので、普段から目をこする習慣を見直すことも大切です。

また、メラニンの沈着を防ぐ効果があるビタミンC誘導体入りのクリームを使用したり、紫外線対策をしっかりと行うことで、茶クマを悪化させないように注意しましょう。

【ビタミンC誘導体化粧品】

残念なことに、ビタミンCは肌に浸透しにくく、化粧品から浸透するのは極めて低いですが、その肌浸透率を高め改良された〝ビタミンC誘導体〟は美肌効果が高く、ニキビ、シミ、シワ、毛穴、美白などのさまざまな肌の悩み

にも効果的です。

水溶性、脂溶性、その両方を併せ持つものの3種類に分類されています。

パルミチン酸、アスコルビン酸、リン酸等の成分を配合した化粧品はビタミンC誘導体の浸透率が高くオススメです。

【アロマテラピー】

最近、介護や看護の臨床でも実用化が進んでいるアロマテラピーは、リラックス効果だけではなく、香り成分などにより、神経や筋肉を緩めたり、血流促進、心拍数低下などさまざまな効果が期待できることが実証されています。

❸ 黒クマ

　目の周りの皮膚のたるみやへこみによる影が「黒クマ」の原因です。加齢や体質変化などで、目の周りの筋肉が衰えたり、コラーゲンやエラスチンの量が減少し、肌にハリがなくなることでたるみが生じます。その影が黒ずんだクマに見えてしまいます。

　黒クマはメイクではカバーしづらいため、根本的に治すことが重要となります。目もとにハリを与えるヒアルロン酸やコラーゲンが入った〝アイクリーム〟などでケアをするのが効果的です。

【目の下の筋トレで黒クマ解消】

①舌を軽く出し、上下の歯で舌を軽く噛む。

※舌を軽く噛む理由は、顔の下半分の力を抜いて、目の下に集中させるため。

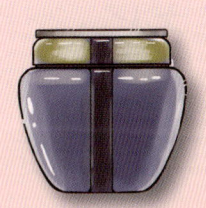

②下のまぶただけで目を閉じるように下まぶたに力をいれる。
　リズミカルに下まぶたを上げたり下ろしたりを数回繰り返す。
　コツは、頬の力を使わずに、できるだけ下睫毛のすぐ下あたりを引き上げる感覚で！

【アロマオイル】

アロマオイルは血行促進や眼精疲労に期待！
　例）マジョラムスイート、イランイラン、ベルガモット、ラベンダー、オレンジスイート、カモミール、ローズマリー、など。
※精油は100％ピュアの使用をお薦めしますが、アレルギー等には十分に注意が必要です。

肌の赤み

? 顔の赤みを治したい・・・

! 皮膚を厚くし、肌を清潔に保つことで改善が見込めます。紫外線にも注意しましょう！

　頬の赤みは、皮膚が薄くなっていることやニキビ・ニキビ跡が原因となっている場合がほとんどです。日々のスキンケアを改善することで赤みを抑えることができます。

ポイントは……

1 薄い皮膚

2 ニキビ・ニキビ跡

3 血流の亢進

【ピーリングとは？】

　ピーリングとは、「剥ぎ取る」という意味で、皮膚表面の古い角質を取り除き、肌のターンオーバーを正常にする角質ケアの一つです。
　過剰に行うと肌が薄くなる原因となるので、週1回や、各々のお肌に合った頻度で行いましょう。

❶ 薄い皮膚

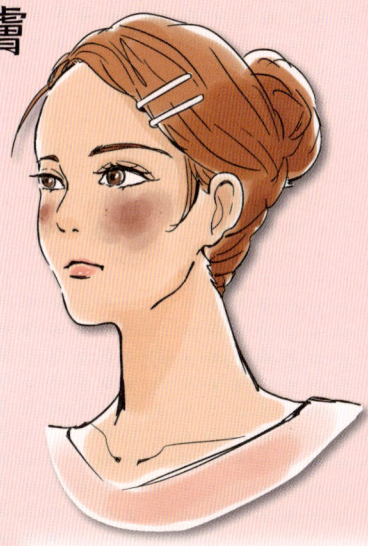

皮膚のバリア機能が低下しお肌の水分と油分のバランスがくずれると、お肌は乾燥し外界からの刺激を受けやすくなります。そのため、刺激を受けて炎症を起こしたお肌は、赤みのでやすいお肌になってしまいます。

過剰な洗顔やピーリングにで皮膚が薄くなることもあり、薄くなった皮膚は血管が透けて見え、赤ら顔の原因の一つとなります。さらに、肌のバリア機能が落ち肌荒れの原因にもなるため、保湿力のあるスキンケア化粧品を使い、肌への刺激をさけて皮膚のバリア機能を正常に保ちましょう。

【皮膚のバリア機能低下の原因は？】

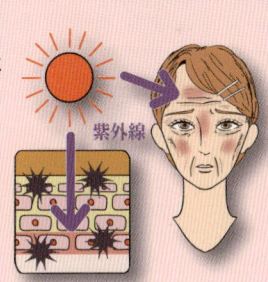

紫外線

【内的要因】
・生活環境の変化にともなう心理的疲労
・睡眠不足
・栄養の偏り
・暴飲暴食
・生理　　　・妊娠
・更年期障害
・ストレス

・皮膚の乾燥を引き起こす疾患、など

【外的要因】
・紫外線
・化粧品などの外用剤
・温度や湿度の変化
・汗　　　　・ほこり
・ダニ　　　・金属
・衣服のこすれ、など

【白ニキビと黒ニキビ】

炎症のないニキビには、ニキビの初期段階で皮脂が溜って毛穴が詰まった状態の白く盛り上がった「白ニキビ」と、白ニキビの毛穴が開いて、酸化した皮脂などにより黒いシミやホクロのように見える「黒ニキビ」があります。

❷ ニキビ・ニキビ跡

　ニキビは純粋な感染症ではなく、アクネ菌が出す菌体に対して過剰な炎症反応が起こってしまうものです。
　炎症を起こした細胞が放射したサイトカインや蛋白分解酵素が残っているため、赤みが残ってしまいます。
　赤くなったニキビには炎症をおさえるクリームを塗ることや、油分を控えることが求められます。手で触ることや紫外線を浴びることはニキビを悪化させる原因となります。
　ニキビ跡には正常なターンオーバーのためのピーリングや、ビタミンＣの摂取、ビタミンＣ誘導体配合の化粧品などによって段階的に薄くしていくことが効果的です。

【クレンジングシートと肌の赤み】

　シートタイプのクレンジング剤は、時短でお手軽で便利ですが、赤ら顔やシミ、色素沈着を引き起こしやすいので注意が必要です。
　油分でメイクを浮かせるのではなく、界面活性剤だけで落としますが、アルコールや防カビ剤が含まれているものもあり、肌への刺激が大きいうえに、シートで拭く摩擦も加わりお肌の負担となってしまいます。

【〝赤ニキビ〟と〝膿ニキビ〟】

　炎症を起こしたニキビには、白ニキビが悪化して赤く腫れ、触ると痛くなかなか治らない〝赤ニキビ〟と、赤ニキビの炎症が悪化し黄色い膿が出る〝膿ニキビ〟があります。両者ともニキビ跡が残らないようにしっかりとケアしましょう。

❸ 血流の亢進

　皮膚には、外界からの刺激物質や細菌などの異物（アレルゲン）の侵入を防ぎ、自己を防御するための〝免疫〟という機能が働いています。皮膚の赤みは、免疫反応の一つであり、また、生体を防御するために起こる炎症反応の結果の一つです。

　B細胞、免疫細胞、リンパ球などが、血流にのって患部に届けられ炎症を抑制しようとします。そうすると、一時的に毛細血管が拡張し、患部に向かって血流量が増加します。表皮部分はおよそ0.2mm程度しかないため、拡張した毛細血管の赤みは表皮を通して目で見て確認することができます。これが、赤ら顔が起こるメカニズムです。

【血管トレーニングで赤ら顔改善】

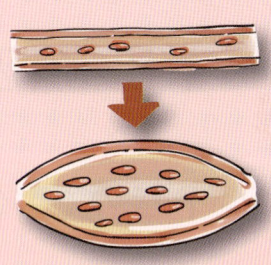

　皮膚にある毛細血管は、収縮することで体温調整をする役割がありますが、血管の壁が弱くなったり、収縮する力が弱く広がったままだと、見えないはずの血液が透けて見えてしまいます。そこで、血流改善と血管の壁を強くするために、温冷法を試してみましょう。

　お湯と水を交互にお肌に当て数回繰り返し、最後は必ず冷たい状態で血管を収縮させるのがポイントです。

【思春期にできやすいニキビ】

　額・眉間・眉毛・鼻のニキビは、皮脂分泌量が多い部分でもあるためホルモンバランス、生活習慣の乱れ、間違った洗顔方法などが源因となりニキビができやすくなります。また、肝機能が低下していると眉間や眉毛にできやすいので、食生活を見直しビタミンやミネラルを豊富に含む食事を心がけましょう。

ニキビの対策

？ なぜニキビはできるの？

！ ニキビのできる場所と原因を知って適切に対処しましょう！

ひとくちにニキビといっても、その種類はさまざまです。まずは、ニキビの種類と主な症状を知り、ニキビができる原因と場所から体の不調を紐解いていきましょう。

ポイントは……

1 ニキビの種類

2 ニキビの原因

3 ニキビのできる場所

【ニキビと似ている発疹①】

・**おでき** … 毛包とその周囲が炎症を起こして化膿したもの。体毛が生えている部分にできる。
・**頭皮湿疹** … 頭皮にできる脂漏性皮膚炎。赤みのある皮疹ができ、かゆみが強かったり、かさぶた

になることが多い。季節的に繰り返すことがある。
・**口唇ヘルペス** … 口の周囲に水ぶくれが発生する。
・**水ぼうそう** … 水痘ウイルスが原因で起こる感染症。発疹や水疱ができる。

❶ ニキビの種類

　ニキビがよく見られるのは、皮脂腺が多く集まっている顔、胸、背中などの部分。排出されなかった皮脂が毛穴に詰まり、炎症が起こります。

　一般的に、女性は 12 ～ 13 歳頃、男性は 13 ～ 14 歳からニキビができはじめ、女性では 17 ～ 18 歳、男性では 19 ～ 21 歳頃にピークを迎えます。思春期のニキビは生理的なニキビであり、通常は 3 ～ 4 年でなくなります。

　一方、20 代後半になって出る「大人のニキビ」は、40 代、50 代のほか、70 代になってできるケースもあり、「吹き出物」とよばれることもあります。

【ニキビの種類別症状】

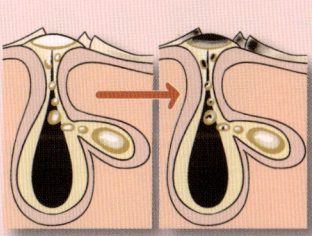

・白ニキビ
　皮脂や老廃物が詰まって盛り上がったもの。

・黒ニキビ
　先端が黒くなったニキビ。皮膚の内側にあるメラニンが表に出てくることで黒く見える。

・赤ニキビ
　白ニキビが悪化して炎症を起こしたもの。目立ちやすく、治りにくい。

・黄ニキビ
　ニキビが化膿して、黄色い膿（うみ）が溜まったもの。

・紫ニキビ
　炎症後の赤みが続き、色素沈着に移行する過程で紫っぽく見える。または、内出血を起こしている。

【ニキビと似ている発疹②】

・毛のう炎 … 毛包に菌が入って炎症を起こす感染症。頭皮にできることもある。

・マラセチア毛包炎 … マラセチア菌が毛包のなかで増殖したもの。

・稗粒腫 … 目のまわりによく見られる白くポツポツと隆起したもの。俗に「脂肪の固まり」と考えられることが多いが、内容はケラチンといわれる。

② ニキビの原因

　ニキビの原因はさまざまですが、ホルモンもそのひとつ。思春期に多く分泌され、毛穴が詰まりやすくなりニキビを引き起こします。

　そのほか、睡眠不足やホルモンバランスの乱れ、ストレスもニキビを引き起こしやすいので、リラックスできる時間を持ちましょう。

　また、皮膚への過剰な刺激もニキビの原因となります。ひげを剃るときは清潔な道具を使い、シェービング剤などを使って刺激を和らげることが大切です。洗顔料の洗い残しにも気をつけましょう。

【ニキビができる仕組み】

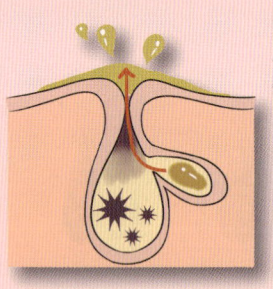

　皮脂が過剰に分泌されると、皮脂が毛穴をふさいでしまうことがあります。そうすると、出口がなくなった状態で、皮脂腺のなかに皮脂が溜まり、さらにアクネ菌が増殖して炎症が起こります。

　皮脂を分泌する皮脂腺が多い顔や、皮脂腺がある場所ならどこにでもできる可能性があります。

　規則正しい生活をおくり、十分な睡眠をとることで、ニキビの発生を防ぎましょう。

 【ニキビと似ている発疹③】

　・**毛孔性苔癬** … 毛穴周囲に古い角質層が溜まって毛穴をふさぐことで、小さなブツブツが広範囲にできる。二の腕や足、背中に多く見られる。
　・**粉瘤** … 顔面や頸部によく生じる良性の腫瘍。強く押すと悪臭を伴う物質が出ることがある。
　・**慢性膿皮症** … 細菌感染が原因で起こる難治性の病気。頭部や臀部に現れやすい。

❸ ニキビのできる場所

・額、こめかみ …… 皮脂腺が多くニキビができやすい。

・鼻 …… 皮脂と汚れが多くできやすい（ホルモンバランスに注意）。

・頬 …… 乾燥やメイク汚れ（ストレスやホルモンバランスに注意）。

・口周り …… 乾燥や摩擦、睡眠不足（ストレス、ホルモンバランス、保湿に注意）。

・顎周り …… 皮脂詰まりや生理前（ストレス、ホルモンバランス、保湿に注意）。

・背中 …… 皮脂や汚れ（石鹸の見直し、洗い残しに注意）。

・頭皮 …… ターンオーバーの乱れや洗い残し（シャンプーの見直し、洗い残しに注意）。

・耳 …… 雑菌や洗い残し（清潔第一、イヤホンの清掃、洗い流しに注意）。

【大人ニキビ（吹き出物）と不調箇所】

ニキビがどこにできたかにより、内臓不調を察知し対策しましょう。

・額周辺…胃腸の不調
・目のまわり、こめかみ…肝臓、腎臓の不調
・頬、鼻…胃、腎臓、大腸、肺の不調

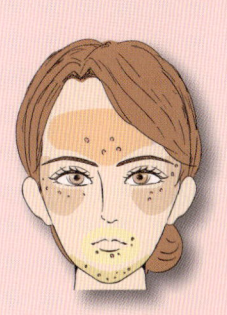

・口周り…胃腸（暴飲暴食、偏食、胃酸過多）
・顎周り…婦人科疾患、冷え性

【主な内臓機能】
胃腸：消化
肝臓：栄養貯蔵、解毒
腎臓：老廃物の排泄

【関連用語解説】

・皮脂線 … 毛穴に存在し、皮脂を分泌する器官のこと。男性ホルモンが多くなると、皮脂分泌が過剰になる。

・アクネ菌 … 常に皮膚に存在し、皮膚の健康に関係するといわれる細菌のひとつ。空気があると生きられないため（嫌気性細菌）、毛穴の奥などに存在し、皮脂や汚れを栄養源として増殖する。

顔全体のくすみ

 顔のくすみを改善したい・・・

 くすみの原因を知り対策をしましょう！

　ひとくちにくすみと言っても、その原因はさまざまです。クレンジングや洗顔で肌を清潔に保つこと、運動で代謝をよくすること、日焼け止めや糖質制限などで習慣的なくすみ予防を心がけましょう。

ポイントは……

 紫外線

 毛穴汚れ

 糖化、カルボニル化

 【紫外線は適度に必要？】

　人体におよぼす紫外線の影響が懸念されがちですが、適度な紫外線は人体に必要です。
　紫外線を浴びる量が不足すると、体内のビタミンDが不足し骨の軟弱化や糖尿病、心臓病などのリスクが高まります。

❶ 紫外線

お肌をくすませる最大の原因とされているのが紫外線です。紫外線を浴びると、お肌は自身を守るためにメラニンを生成します。これが皮膚の一部でスポット的に起こるとシミやソバカスに、顔全体で起こると顔色が暗くなってくすみになります。

本来なら、健康なお肌はターンオーバーにより約28日周期で生まれ変わるため、メラニンが強く出てしまった皮膚も、いずれは剥がれ落ち消えていくのですが、紫外線を浴び続けてメラニンが必要以上に作られてしまうと、う

まく排出されずにお肌の中にメラニンが残ってしまい、くすみが蓄積してしまうのです。

【紫外線予防と対策】

日焼け止めや日傘などで紫外線対策をすることが重要です。メラニンの生成をおさえるアスタキサンチンが含まれた化粧品を使用するのも効果的です。

また食事での対策としては、ビタミンCやビタミンEは優れた抗酸化作用を持ち、活性酸素の除去効果が高く、ビタミンAはコラーゲンの生成にも一役かっています。トマトに含まれているリコピンには抗酸化作用があり、酸化を妨ぐ効果があります。

【日光浴でビタミンD生成】

ビタミンDは、魚介類やキノコに多く含まれ、カルシウムの吸収を促し骨の形成に欠かせない成分ですが、バランスのとれた食事をしていても不足することがあります。

適度な紫外線を浴びることでビタミンDを体内で生成することができます。

② 毛穴汚れ

　肌表面は、角質がなくキレイに見えても、毛穴の中が酸化した皮脂やメイク残りによる色素沈着などで汚れていると、顔全体の印象は透明感がなくくすんで見えてしまいます。毛穴はくぼんでいる分汚れが詰まりやすく、しっかりと洗顔していても奥までキレイにするのは難しい場所です。

　また、皮膚の新陳代謝がうまくいっていない場合は、古い角質に汚れが付着したまま残ってしまいます。なかなか取れない状態が長く続き、くすみを引き起こす原因となってしまいます。クレンジングや洗顔でメイクや汚れをしっかり落とし、お肌を清潔に保つことが肝心です。

【毛穴の不思議?!】

　顔は毛穴がもっとも集中している場所で、約20万個もあるといわれています。

　その数は胎児期に決まっていて、一生増えることはありません。赤ちゃんの肌には見当たらない毛穴が、大人になると目立つようになるのは、数ではなく大きさの問題です。

　毛穴が目立つ肌は、顔全体がくすんで見えてしまうので、目立たせないようにケアしましょう。

【抗糖化対策は必要？】

　紫外線ダメージは年々蓄積されるので、UV対策はできるだけ早い方が理想です。

　糖化は、過剰な糖質の摂取で助長させるので、必要以上に糖質を摂取せず、肥満に気をつけ、運動や睡眠時間の確保や生活習慣に気をつけましょう。

③ 糖化、カルボニル化

　体内に入った糖質（ブドウ糖）は、肌内部のタンパク質と結合し、茶褐色のAGE（終末糖化産物）といわれる物質を生成します。この肌の構造が変化し劣化することを〝糖化〟といいます。もっとわかりやすく説明すると、体内のコラーゲンやエラスチンなどのたんぱく質と糖分が結びつき、体温によって加熱され糖化が起こります。

　一方、〝カルボニル化〟は、酸化した皮脂の分解物がたんぱく質と結合し、ALE（終末脂質過酸化産物）という物質を作りだしてしまう現象をいいます。

　どちらも肌を黄色くくすませてしまいますが、後者の方がその度合や毒性が強いといわれています。

【糖化とカルボニル化を防ぐには】

　糖化した真皮は、黄ぐすみ、シワ、ほうれい線、たるみ、毛穴やお肌の老化、乾燥をまねく原因になります。

　糖質や脂質を過剰に摂り過ぎない食生活に改め、ビタミンA、C、Eや、ポリフェノー

ル等の抗酸化成分の摂取にこころがけ、糖化を防ぐウーロン茶や紅茶を積極的に飲むようにしましょう。

　そして、紫外線や活性酸素の影響を防ぐためにも、紫外線対策は入念に行いましょう。

【トマトを食べよう！】

　紫外線にあたると活性酸素が作られて、その刺激でメラニンが発生し肌が黒くなります。トマトに多く含まれるリコピンは、活性酸素の生成を抑えるため肌の赤みの発生や日焼け、シミやソバカスに有効といわれています。

毛穴

❓ 毛穴を目立たなくするには？

❗ クレンジングと洗顔で毛穴汚れを落としたら、お肌を引き締め保湿をしましょう！

　皮脂や汚れが乾燥やたるみによって開いた毛穴に詰まり、白い角栓となります。角栓が酸化することで毛穴の黒ずみとなってしまい、不潔な印象になってしまいます。汚れを取り除き、肌の引き締めを目的としたスキンケアで毛穴を目立たなくさせます。

ポイントは……

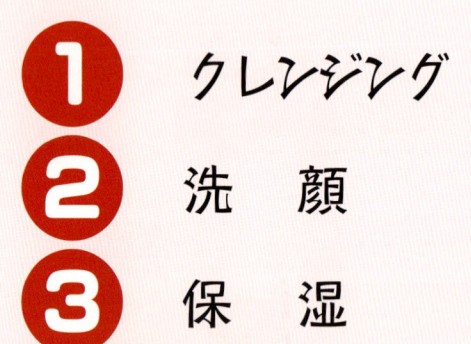

① クレンジング

② 洗　　顔

③ 保　　湿

【オリーブオイルでクレンジング？】

　美容用オリーブオイルは、メイクや皮脂など脂性汚れと馴染みやすくクレンジングに適しています。その理由は、オリーブオイルの成分のうち70〜80％をオレイン酸が占めており、人の皮脂成分のうち約40％がオレイン酸といわれているからです。

❶ クレンジング

　正しいクレンジングは美肌の土台となり、皮脂やメイク汚れを毛穴に残さないためにもクレンジングは必要です。

　クレンジングの種類は、大きく5種類に分類され、洗浄力やお肌への刺激の強さが変わります。一般的にお肌に刺激の強い順に、（強）シートタイプ＞オイルタイプ＞ジェルタイプ＞クリームタイプ＞ミルクタイプ（弱）となっていますが、各種のメリット・デメリットを考慮し、クレンジングで肌表面を傷めないように、用途や肌質にあわせた選択が重要です。

【クレンジングの選び方】

a. シート（拭き取り）タイプ

　合成界面活性剤やアルコール系のクレンジング剤をシートやコットンに染み込ませ拭き取るタイプで、持ち運びやすく旅先などでも場所を選ばず手軽に使える点がメリットですが、毎日の長期使用で角質が薄く硬くなり、くすみやシミ・シワの原因となる点や、界面活性剤の影響や摩擦によりお肌を刺激してしまう点がデメリットです。

c. ジェル（洗い流す）タイプ

　トロンとしたゼリー状で、水性タイプと油性タイプに分けられます。油性タイプの方が洗浄力が強めです。

　水性タイプは、ニキビ肌やオイルタイプが苦手・不向きな肌質の方には使いやすく、メイクをしっかり落としたいものの、オイルタイプでは刺激を感じる方にお薦めです。

b. オイル（洗い流す）タイプ

　落ちにくいマスカラやリップなど濃いメイクも、オイルで馴染ませることで容易に落とせる点がメリットですが、界面活性剤や油分を多く含むために多用すると乾燥を促進してしまう点がデメリットでもあります。

　脂性の方ほど使用頻度が高い傾向にあり、肌が乾燥することで皮脂量が過剰になるので注意が必要です。

d. クリーム（拭き取り・洗い流す）タイプ

　油分と界面活性剤が適度に配合され、刺激が弱いわりには洗浄力があります。コットンやティッシュペーパーで拭き取るタイプと、洗い流すタイプに分けられ、違いは界面活性剤の配合量によります。

　前者は、保湿クリームやマッサージクリームとしても使用できるメリットがありますが、拭き取る摩擦で肌を傷めるデメリットがあります。

　後者は、乳化剤として、また洗浄成分としての界面活性剤が含まれるのでしっかりと洗い流すことが大切です。

e. ミルクタイプ

　比較的水分が多いため洗浄力は弱い反面、脂を落としすぎず肌への刺激も弱いので、薄いメイクの時や、乾燥肌や敏感肌の方にお薦めです。

　乳化する（油分を馴染ませる）のに時間がかかるのがデメリットですが、濃いアイメイクやリップは、専用のリムーバー等の併用で落とし、お肌への刺激を減らしましょう。

② 洗　顔

　洗顔料の洗い残しや肌への刺激となるゴシゴシ洗いは肌トラブルのもとです。さらに、皮脂が出やすいからと洗顔をしすぎると、皮脂が多いのに部分的に乾燥するオイリードライ肌に傾きやすいので気をつけましょう。また、毛穴の太きさ自体は生まれつきで小さくなることはありませんが、肌質にあった洗顔料を選び、毛穴の詰まりやざらつきをケアして毛穴の目立たない肌を目指しましょう。

　合成界面活性剤未使用の洗顔石鹸は、粒子が細かくお肌への刺激が優しいのが特徴です。石鹸に含まれる界面活性剤も、水により速やかに分解される性質をもっており、汚れと一緒に洗い流すことができ、お肌に残る心配が少ないのでオススメです。

【正しい洗顔方法】

　毛穴を綺麗に保つコツは、その日の汚れはその日の内に落とすことです。

　顔の中には、汚れの激しい部分と、乾きやすい部分とがあるので洗い方に差をつけましょう。しっかりと泡立てて、ゴワつきが気

になるTゾーンと鼻まわりをしっかりと洗います。

　一方で、乾く頬目元は、最後にサッと泡を転がす程度に。大切なのは、粒子の細かい沢山の泡で包み込むように優しく洗うこと！

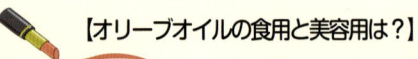

【オリーブオイルの食用と美容用は？】

　製造工程での濾過の精度、品質の管理により食用と美容用に分類されます。

　美容用は、お肌につけても安全なように不純物などをきれいに取り除きます。一方、食用は味や栄養価、風味を大切にしています。※食用オリーブオイルでのクレンジングはお薦めできません。

❸ 保　湿

　正しい洗顔後は、肌質にあった保湿が大切です。ニキビやテカりの予防、オイリー肌の方、夏場のメイク崩れ防止など、汗や皮脂の過剰分泌を抑える働きのある収れん化粧水で、お肌を引き締めてキメを整えましょう。

　収れん化粧水を使うタイミングは、洗顔 → 保湿化粧水 → 乳液 → 収れん化粧水　の順番で使いましょう。潤いが足りていない状態で肌を引き締めても、乾燥の原因になってしまうので、肌を保湿してから収れん化粧水で引き締めます。

　目もとや皮膚の薄い乾燥しやすい部分にはつけずに、皮脂が多い部分に優しくパッティングするように馴染ませましょう。

【収れん化粧水を使う時の注意点】

　〝収れん〟とは、縮むことや収縮することです。収れん化粧水はビタミンC誘導体や有機酸などの成分によって肌を引き締め、毛穴を目立たなくするのに効果がある化粧水です。〝タイトニングローション〟ともいいます。

　アルコール過敏症や敏感肌、乾燥肌の方は、使用前に必ずパッチテストを行うようにしましょう。

　肌が乾燥している場合は、〝アルコールフリー〟のものがお薦めです。

　アルコール入りのものは、アルコールの蒸発とともに、肌の水分も一緒に奪われてしまい、余計に乾燥を招くことがあります。

【化粧石鹸と洗顔石鹸の違いは？】

　両者とも身体用に作られた石鹸ですが、前者は身体全体に使える洗浄力のある石鹸で、後者は洗顔のために作られた石鹸だという違いがあります。

　顔の皮膚は、全身の皮膚よりも何倍も薄い構造なので、洗顔には洗顔石鹸を使いましょう。

肌のハリ

❓ 肌のハリを保つには？

❗ 肌に弾力がなくなる原因を知り適切な対策をしましょう！

　肌にハリがなくなると、ほうれい線やシワ、毛穴のたるみなどが目立ち、老けてみられるようになってしまいます。肌のハリには真皮や筋肉が関わってくるため、スキンケアだけでは簡単に改善できません。

ポイントは……

1 コラーゲン

2 ヒアルロン酸

3 バランスの
　　 良い食事

 【ウナギのコラーゲン】

　ウナギにはビタミン A・B₁・B₂・D・E、ミネラル、カルシウム、亜鉛、鉄、コラーゲンなど身体やお肌に必要な栄養素が豊富に含まれています。
　ウナギは、泳ぐ際に全身を使うため、良質なコラーゲンが皮に豊富に含まれるヘルシーかつ栄養豊富なパワーフードです。

❶ コラーゲン

　お肌は表皮と真皮からなり、表皮が外部刺激から真皮を守っています。肌のハリと弾力は、真皮の層にあるコラーゲンによって保たれています。コラーゲンはタンパク質の一つで、皮膚の主成分として70％ほどを占めるといわれており、肌の弾力を支える役割を果たしています。

　加齢と共に減少するため、体内外からの補給が大切で、乾燥やむくみをきちんとケアせずに放置していると、どんどん深いシワが刻み込まれてしまいます。気づいたら年齢以上の見た目になってしまうこととも。一度深いシワになると、薄くすることは難しいため定期的なケアがとても大切です。

【コラーゲンの効果的な摂り方】

　お肌や髪、爪、骨を構成する主要タンパク質であるコラーゲンですが、アミノ酸がつながったペプチドの形で体内に吸収されるため、コラーゲンの合成に必要なタンパク質やビ

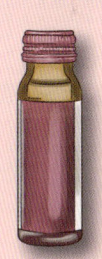

タミンＣと一緒に夜眠る前に摂る事で体内に吸収されやすくなります。

　また、手軽なドリンク剤では、コラーゲンペプチドが配合されている物がお薦めです。

【ウナギの肝は目薬?!】

　ウナギには、DHA（ドコサヘキサエン酸）やEPA（エイコサペンタエン酸）も含まれているので、脳の働きを高め記憶力を高めたり、眼精疲労や視力回復、血管を丈夫にし脳梗塞や心筋梗塞等の予防にも効果的です。

❷ ヒアルロン酸

　ヒアルロン酸は、もともと人の体内に存在している物質で、肌の水分量を増加させる効果があり、１ｇに対して６リットルもの水分を蓄えることができるといわれています。
　体内では、コラーゲン組織の保持、肌組織の水分、潤滑性・柔軟性の保持などの役割を担っています。
　肌のハリを保つために必要なコラーゲンとヒアルロン酸は、食物では鶏軟骨や手羽、豚足やフカヒレ、ウナギなどに多く含まれています。
　また、サプリメントの併用も効果的ですが、分子量が大きいと体内に吸収しづらいので、低分子ヒアルロン酸をビタミンＣと併用することで吸収率 UP になります。

【ヒアルロン酸って何？】

　ヒアルロン酸は細胞と組織間を繋ぐ結合物質で、ムコ多糖の一種です。皮膚、筋肉、軟骨を構成する主成分で非常に高い保湿性と水分力を持っています。
　もともとは体内の

真皮内部に備わっていますが、35歳をメドに加齢とともに減少してしまうので、化粧品だけではなくサプリメントを有効に活用し、お肌の水分保持に心がけましょう。

【薄毛に効く?!】

　ヒアルロン酸の持つ高い保湿力と水分保持力には育毛効果が期待できます。
　頭皮の角質層が乾燥するとフケや抜け毛の原因になる事があるので、ヒアルロン酸配合の育毛剤の使用で血流促進と水分を補給し、抜け毛予防に！

③ バランスの良い食事

　お肌のハリを保つためにはバランスの良い食事は不可欠です。

　人間の体は約60兆個もの細胞から成り、その一つひとつにコラーゲンが存在しています。骨や軟骨、内臓に多く存在し、細胞や組織を結びつけ基礎となる部分を作り、それらを支える役割をしています。コラーゲンを多く含む食物は、前述の通り皮や骨に多く含まれていて、主に動物性食品と海洋性食品に多く、その他にはゼラチンを使ったゼリーやグミなどにも含まれています。

　コラーゲンの1日の摂取目安は、肌に対しては5,000mgで、骨や関節には10,000mgといわれています。

【コラーゲンの摂りすぎに注意】

　1日の摂取目安は前述しましたが、コラーゲンの過剰摂取には注意が必要です。

　余分に摂取してしまったコラーゲンは、タンパク質の一種なので代謝されなければ脂肪になり、肥満やニキ

ビ、胃もたれにつながる要因となりえます。

　また、代謝するために体内のビタミンB群が使われることで、お肌の皮脂バランスを壊しやすくなるので、適正量を超えないように注意が必要です。

【お肌のゴールデンタイム】

　サプリメント意外では、たっぷりの睡眠時間が美肌の鍵となります。身体や皮膚を作るゴールデンタイムは、22時〜2時といわれ、睡眠中に成長ホルモンが分泌され、体の修復力も高まります。また、個人差はありますが、一般的に6時間以上睡眠時間を確保するのも美肌を作るうえで大切だといわれています。

美　白

 肌を明るくしたい・・・

 紫外線対策と角質ケアで美白に！

　美白には、メラニンの生成を抑制することが大切です。紫外線の対策、美白ケア、角質ケアによって改善が見込めます。美白の効果があるビタミンC誘導体やアルブチン、トラネキサム酸の成分が入った化粧品を使いましょう。

ポイントは……

 紫外線対策

 角質ケア

 美白ケア

 【ゴシゴシ洗顔】

　ゴシゴシ洗顔は肌の老化に繋がります！シミやくすみの原因となるメラニンは、紫外線を浴びた時にだけ発生する訳ではありません。「メラニンを作りなさい」という指令は、洗顔などで肌が摩擦などの刺激を感じた時にも発信されます。

❶ 紫外線対策

　紫外線は一年中降り注いでいますが、紫外線量がとくに多いのは、5〜9月頃で、午前10時〜午後2時の間が一番強い時間帯です。

　身体にあたる紫外線には、太陽から直接のものだけではなく、空気中で散乱したものや、地面や建物から反射したものがあります。直接日光にあたらない日陰でも、紫外線を浴びている認識をもちましょう。

　対策としては、肌の老化の原因となる紫外線をカットする効果のある日焼け止めの使用をはじめ、日傘、

サングラス、帽子などでメラニンの生成をおさえましょう。

【そもそも紫外線とは？】

　紫外線とは、地球に降り注ぐ太陽光線の一種で、波長の長さによって、UV-A（A紫外線）、UV-B（B紫外線）、UV-C（C紫外線）に分かれます。

　UV-CとUV-Bの一部はオゾン層などの大

気層が防いでくれるので、UV-AとUV-Bの一部を私たちは浴びていることになります。

　紫外線は、シミやシワ等、肌の老化を加速させたり、炎症を起こさせたりする要因となります。

☞ P42「日焼け止めの使い方」参照。

 【優しいタッチで！】

　クレンジング剤は、十分な量を使ってそっとメイクを浮かし、洗顔の際は泡のクッションでやさしく汚れを吸着させるように心がけましょう。水気を取る時もタオルで軽くおさえるようにし、決してこすらないように気をつけましょう。

② 角質ケア

紫外線を浴びた肌は、異物の侵入をガードしようとする防護反応が強く働きます。日焼け後の肌がごわつく原因は、角質肥厚によるもの。お肌は本来柔らかく潤いを保とうとしていますが、角質肥厚が起こると、肌へのさまざまな刺激からダメージを防ぐために角質を厚くします。

また、紫外線を浴び乾燥しやすくなると、ターンオーバーが乱れ古い角質が残ったままくすみが目立ち、美白成分も浸透しません。クレンジングや洗顔でしっかりと角質のケアをしましょう。

ただし、乾燥の原因となる洗いすぎは禁物です。洗顔後、肌がつっぱるようなら気をつけてください。

【角質ケア対策】

角質肥厚で古い角質が肌に溜まってしまったら、取り除くケアをしましょう。

ピーリング（敏感肌の方は刺激に注意）、酵素洗顔、角質除去用の洗顔料、化

粧水などを用いてケアします。お肌を整えたらクリームや乳液で保湿も忘れずに行います。

溜まっていく角質をケアしツルすべ素肌へ！

【ストレスフリーで美肌に！】

ストレスが増えると、体内では活性酸素が大量に発生します。活性酸素は、体の細胞を傷つける困った存在。この活性酸素を取り除くためにメラノサイト刺激ホルモンが分泌され、メラニンがどんどん作られてしまうのでストレスを溜め込まないようにしましょう。

③ 美白ケア

　毎日のスキンケアによって、長い期間で美白を目指します。ビタミンC誘導体はニキビ跡や色素沈着を改善し、アルブチンはメラニンの合成を阻害、トラネキサム酸は抗炎症成分として肌荒れを防ぐ役割があり、どれも美白ケアには取り入れたい成分です。紫外線やエアコンの影響などで乾燥しがちなお肌には、化粧水、乳液、美容液、美白パックなどでケアしましょう。

　お肌の乾燥が酷いときは、美白クリームがオススメです。美白効果抜群のハイドロキノンは、通称〝漂白剤〟と称されるほど美白に有効的で、アルブチンの100倍といわれるほど効果絶大ですが、処方に注意が必要なため医師の指導のもと適切に使用しましょう。

【美白に必要な栄養素と食べ物】

・ビタミンC
　アセロラ・キウイフルーツ・ゆず・柿・パセリ・ゴーヤなど
・リコピン
　トマト・スイカ・柿・人参など
・L-システイン
　鮪・豚牛鶏肉・チーズ・納豆など

・ビタミンE
　ナッツ・アボカド・カボチャなど
・β-カロチン
　人参・シソ・ニラ・モロヘイヤなど
・エラグ酸
　ザクロ・苺・ブルーベリー・アサイーなど

【十分な睡眠を！】

　本来健康な肌であれば、メラニンは肌のターンオーバー（新陳代謝）により古い角質となって剥がれ落ちます。肌のダメージを修復する成長ホルモンは、睡眠中に分泌されるため、質の良い睡眠をとることはスムーズなターンオーバーに欠かせない要素です。

メイクのノリ

メイクのりをくするには？

お肌のバランスを保ちましょう！

　メイクのりが悪くなってしまう原因は油分の多さや乾燥です。スキンケアの方法や化粧下地を塗る前の肌の状態をしっかりと整えましょう。

ポイントは……

1 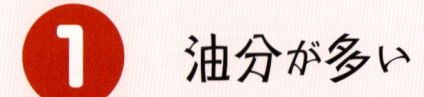 油分が多い

2  乾　燥

3 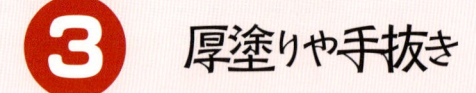 厚塗りや手抜き

【Tゾーンとは？】

　額・鼻・あご先のこと。顔の中でとくに皮脂の分泌量が多く、べたつきが気になる部分です。逆に頬や口まわりのUゾーンは乾燥しやすいため、肌トラブルの起きやすい敏感肌の人が部分によってケアの方法を変える必要があります。

❶ 油分が多い

　お肌とファンデーションの間に皮脂がたまって、肌にファンデーションが密着していないためによれやすくなります。

　皮脂の出やすいTゾーンはとくに注意が必要です。また、乳液が肌に馴染まずに残ったままメイクをすると、同じようによれやすくなります。テカっている皮脂や肌に残った乳液はティッシュでオフしましょう。オイリー肌だからと過度に洗顔をすると、お肌に必要な皮脂まで取り過ぎてしまい、かえって皮脂分泌を促してしまう原因となります。

【オイリー肌でも保湿が大切】

　オイリー肌だと、ついついつい油を取ったり、スキンケアでさっぱり仕上げたりしようとしがちです。オイリー肌を改善するには、それ以上にお肌の必要な油分を落としすぎないことや、たっぷりと保湿してあげることが大切です。

　化粧水は手で抑え込むように二度付けし、乳液やクリームで保湿を入念にしましょう。

【基礎化粧品の使い方】

　基礎化粧品をお肌に十分に浸透させましょう。時間がない時に化粧水、乳液を塗ってすぐにベースメイクを始めてしまっていませんか？　これが〝化粧のり〟を悪くする原因になります。まだ化粧水、乳液が肌に浸透していない状態でファンデーションを塗ると、肌になじまずファンデーションがよれやすくなるのです。

② 乾　燥

　お肌の水分量が不足すると、キメが粗くなりファンデーションの付きが凸凹してしまうので、化粧ノリが悪く崩れやすくなってしまいます。肌が乾燥していると角質層が乱れたり毛穴が開いたりするため、メイクが浮いているように見えてしまいます。普段の化粧水や乳液で保湿を徹底して、乾燥を防ぎメイクのりをよくしましょう。
　また、乾燥からオイリー肌になる傾向もあります。それは、クレンジングや洗顔での洗いすぎや、ベタつきを気にするあまり乳液やクリームを使わずに必要な潤いを補えていないため、お肌が皮脂を分泌し保護膜を作ろうとしてオイリー肌に傾き、インナードライの原因となります。

【乾燥対策と化粧ノリをよくする方法】

・洗顔後 30 秒以内に化粧水を付ける
・化粧水は時間差で重ね付けをする
・化粧水をコットンで付ける場合は、最初に拭き取りを行ってから、新しいコットンでパッティングで付ける

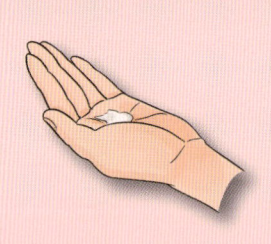

・乳液・クリームはいちど付けてから 10〜15 分後に鏡をみて、渇きが気になる場所などに重ね付けする

　これらを行う事で肌が潤い、化粧ノリや持ちが良くなります。

【朝の洗顔は？】

　洗浄力が優しい洗顔料を使っても肌は乾燥しやすくなるので、顔の汚れは蒸しタオルで落とすと美顔効果も得られます。
　・毛穴が開いて化粧水の浸透力アップ
　・血行がよくなる　　　・むくみが改善される
　・目の疲れが改善される

③ 厚塗りや手抜き

　ファンデーションをつい厚く塗ってしまうと、時間の経過とともに肌馴染みが悪くなり、化粧持ちが悪くなります。また、ニキビやニキビ跡を隠そうとして、厚塗りになったり、化粧下地の工程を省いてメイクすることでメイクの肌馴染みが悪くなってしまいます。お肌のトーンを均一（均等）にするための下地は、コントロールカラーの使用で！　シミやクマ、ニキビ跡には、コンシーラーを部分使いしましょう。

　化粧ノリは、お肌のコンディションにも左右されるので、外側からの保湿ケアにあわせて、内側からの体内ケア（腸内環境を整える・良質なタンパク質や油を摂る・サプリの服用など）も心がけましょう。

【コントロールカラーとコンシーラー】

　自分に合った化粧下地選びは、綺麗なベースメイクの土台を作る上で欠かせません。
　毛穴や化粧くずれが気になる方は、〝肌質悩みカバータイプ〟を！　日焼け肌が気になる方は、〝UV・美白ケアタイプ〟を！
　お肌のくすみ、色ムラを補正したいなら〝肌色カバータイプ〟を選ぶと、気になるお肌の悩みをカバーしながらファンデーションのノリも良くなります。

【腸内環境を整えて美肌に！】

　女性に多い便秘。便秘が続くと腸にたまった便が発酵して有毒ガスを発生するようになります。
　お肌は排泄器官です。その有毒成分が肌荒れやニキビとしてお肌に出てきてしまうので、腸内環境を良好に整えましょう。

日焼け止めの使い方

？ 日焼け止めやファンデーションの「SPF」「PA」って？

！ SPF と PA はそれぞれ波長の違う紫外線を防御する効果を数値化した値です。

　紫外線は波長により３種類に分類されます。
・紫外線Ａ波（UVA）……
　シワやタルミなどお肌の老化の原因になります。
・紫外線Ｂ波（UVB）……

過剰なメラニン生成により色素沈着となりシミ、ソバカスの原因になります。
・紫外線Ｃ波（UVC）……
　Ｂ波より有害な紫外線で皮膚病の原因になります。

ポイントは……

1 SPF（UVB波）

2 PA（UVA波）

3 日焼け止めサプリ

 【ＵＶＢ波とは？】

　波長が短く野外での日焼けの主な原因となる「レジャー紫外線」ともよばれ、皮膚が赤く炎症を起こす「サンバーン」の原因となります。メラニンを生成することによって黒くなる「サンタン（遅延黒化）」も UVB 波の影響です。

❶ SPF（UVB波）

〝Sun Protection Factor〟の略で、紫外線に含まれるUVB波を遮断する効果を表します。数字が大きい程効果が高くなります。サンバーンという症状がでる時間をもとにして、塗っていない場合と比べて紫外線にどれほど耐えられるかを数値化したものです。

たとえばSPF10は通常より10倍の時間、紫外線に耐えられることを表しています。日本での最高値は50＋（50よりも高い）と決められています。

紫外線があたりだしてから日焼けしてしまう（紅斑がでて炎症をおこしている状態）

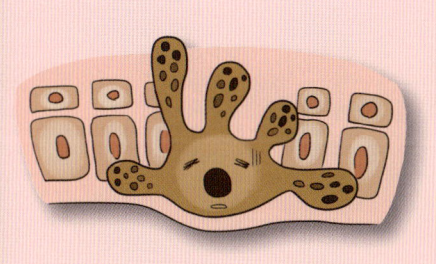

まで平均10〜20分といわれ、SPF50なら50倍遅らせることができるという意味合いになります。

【SPFの選び方】

日焼け止めを塗ったからといって、100％紫外線を防げる訳ではないので、こまめに塗り直すことが大切です。SPFは、時間ではなく防護力なので、用途にあわせて選びましょう。

たとえば、通勤やお遣いなど1ｈ以内の外出なら35程度、レジャーやスポーツなど1ｈ以上の外出なら50以上などです。

【ＵＶＡ波とは？】

メラニン色素を変化させる紫外線。メラニン色素が皮膚に沈着して褐色となる「サンタン（即時黒化）」の原因となります。タンパク質を変性させ、皮膚の弾力を減少させることも。

2 PA(UVA 波)

〝Protection grade of UVA〟の略で、紫外線に含まれる UVA 波を遮断する効果を表す数値のことです。即時黒化という症状が出る時間をもとにしています。PA ＋、PA ＋＋、PA ＋＋＋、PA ＋＋＋＋の４段階あり、最大の PA ＋＋＋＋は塗っていない場合に比べ 12 倍以上 UVA 波に耐えられる効果があるとされています。

紫外線 B 波は 10 〜 2 月に減る傾向にあるのに比べ、紫外線 A 波は春夏以外でも、そこそこ安定して降り注いでいます。

なお、室内に居ても、窓際や日差しの透化しやすいガラスなどでは、冬もしっかりと UV ケアをして、シワやタルミなどのお肌の老化防止に努めましょう。

【PA と UVA】

UVA（紫外線 A 波）は肌の奥深く真皮まで届き、肌内部に活性酸素を作りだします。これが、DNA を傷つけたり、コラーゲンやエラスチンも破壊し、シワやたるみなどの肌老化を招きます。窓ガラスや雲も突き抜けるため、曇りの日や室内でも注意しましょう。

・PA の見分け方

PA++++
　極めて高い効果がある
PA+++
　非常に効果がある
PA++
　かなり効果がある
PA+
　効果がある

 【日焼け止めの使用期限は？】

原則として、化粧品は開封したらできる限り早く使い切ることが推奨されています。開封後、時間が経ってしまった製品は中身が変質して肌トラブルになる可能性もあるので、使用前にしっかりとチェックしましょう。

③ 日焼け止めサプリ

　外側からお肌に紫外線対策を施しつつ、内側（体内）からも紫外線対策を行いましょう。

　サプリの服用に適している方は、アレルギー体質などお肌が弱い方や、目や頭皮など直接濡れない部分の対策として、海やプール、旅行、ゴルフなど野外でアクティブに過ごしたい方などに最適です。

　塗る日焼け止めと比較しても、塗り直す手間も省け、塗り残しのうっかり焼けも防止でき、最近では、美容効果の高い成分も添加されていたり、飲み続けることで美白効果が期待できるものなど豊富に揃っています。

【サプリのメリットとデメリット】

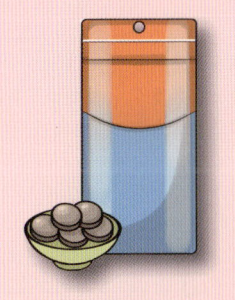

　メリットは上記の通りですが、デメリットも報告されています。

　デメリットとしては、サプリの副作用として、ごくまれに消化不良や皮膚のかゆみ、血圧低下などがあげられています。食物アレルギーや妊娠中、授乳中の方は、各成分の配合量などに注意し、用法用量を守るなど注意が必要です。

【有効な日焼け止めの塗り方】

　塗り方や塗る量も、UVカット効果に大きく影響します。顔の場合は、適量を手のひらにとり、両頬、額、鼻、あごの5カ所に置いてから顔のすみずみまでなじませます。さらに同じ要領で2度塗りし、肌にムラなくピタッと密着させるのがポイントです。

コラム 1
「ターンオーバー」って何？

ターンオーバーは肌の新陳代謝（肌の生まれ変わり）のことをいい、約28日周期で生まれ変わるといわれています。正常に働かせるには、規則正しい生活と質のいい睡眠、バランスのいい食事が大切です。

皮膚は「表皮」「真皮」「皮下組織」からなっています。表皮内側で生成される細胞は、20代の場合で約28日（周期＝年齢×1.5～2倍）を経て表面に押し上げられていき、角質となり、最終的にアカとしてはがれます。正常なターンオーバーを保たないと肌が薄くなってしまったり、古い角質が肌に残ったまま〝くすみ〟となってしまいます。これを正常に保つには、睡眠や食事などの基本的な生活習慣がカギとなります。

＜睡眠＞

睡眠時に成長ホルモンが多く分泌され、とくに入眠から3時間が最も多く〝質のいい眠り〟を意識することが大切です。

また、理想的な睡眠時間は7時間前後といわれており、午後10時～午前2時は成長ホルモンが活性化される時間帯で「お肌のゴールデンタイム」といわれています。早寝早起きを心がけて、この時間は睡眠をとれるように心がけましょう。

＜食事＞

皮膚細胞の生成を助けるといわれているタンパク質やビタミンAやB、亜鉛などを中心にバランスのいい食事を心がけましょう。タンパク質は肉類、ビタミンは野菜や果物、亜鉛は魚介類や大豆製品に多く含まれています。また、女性に不足しがちな鉄分は、血行不良によるターンオーバーの乱れを防いでくれます。

＜乾燥肌を防ぐ食品＞

成分名：役割（含有食品

・ビタミンA：皮膚や粘膜のうるおいを維持、新陳代謝を活発にする（レバーウナギ、サバ・イワシなどの青魚、乳製品、卵、緑黄色野菜、海藻など）

・ビタミンB：新陳代謝を活発にする肌の炎症を抑える（豚肉、レバー、卵納豆などの大豆食品など）

・ビタミンC：コラーゲンの生成を促進抗酸化作用（パプリカ、レモンなどの野菜、果物など）

・ビタミンE：コラーゲンの生成を促進、抗酸化作用コラーゲンの生成を促進、抗酸化作用（ゴマ、アーモンドなどのナッツ類、大豆、アボガドなど）

・セラミド：皮膚を外部の刺激から守る角質層の水分保持（コンニャク、大豆などの豆類、海藻類など）

・α‐リノレン酸：細胞分裂を助ける（アマニ油・エゴマ油・魚油など）

・亜鉛：細胞分裂を助ける（牡蠣、赤身の肉、卵黄、タラバガニ、タラコなど）

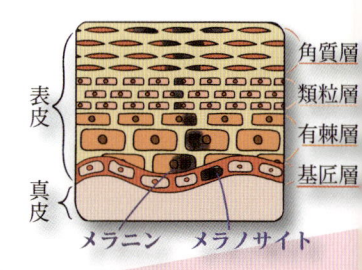

第2章 ベースメイク

血色の良い肌

？ BB クリームと CC クリームの違いは？

！ BB クリームは 下地＋ファンデーション、CC クリームは 下地＋色味補正の化粧品

　似ているようでまったく違う BB クリームと CC クリームですが、用途や好みに合わせて選ぶことで、普段のメイクにも劣らない仕上がりに！ 時短メイクにぴったりです。

ポイントは……

1 BB クリーム

2 CC クリーム

3 コントロールカラー

【BBクリームとリキッドファンデーションの違いは？】

　BB クリームとリキッドファンデーションは、それぞれに含まれる美容成分が異なり、前者は美容成分が多く、カバー力は後者の方が勝るものが多いようです。使い方や好みに合わせて使い分けましょう。

① BB クリーム

ベースメイク

〝blemish balm〟の略で、傷を補う油という意味です。下地、ファンデーション、日焼け止めが一つになっていて、スキンケア後すぐに使える化粧品です。カバー力に優れ1本で手軽にベースメイクができるのが特徴です。

化粧水で肌を整え、額、両頬、鼻、顎の5点に適量のクリームを置いて、内側から外側へフェイスラインに沿って伸ばしていきます。目の周りなど、シワになりやすいところは、指やスポンジで極々薄く塗りましょう。

その後にパウダーでテカリをおさえベースメイクは完成です。

【ＢＢクリームの起源は？】

韓国で人気となり、日本でも爆発的にブレイクしたBBクリーム。そのため、韓国生まれのコスメだと思っている方が多いかもしれませんが、もともとはドイツ発祥の皮膚の軟膏クリームなのです。1960年代にドイツの皮膚科医が患者のピーリングやオペ後の皮膚の保護のために考案した後、韓国の化粧品会社がオールインワン化粧品として改良しました。

【ＢＢクリームやＣＣクリームの塗りすぎに注意！】

テクスチャーが固すぎず伸びの良い物を選びましょう。美容成分などの配合量にもよりますが、油分が多いものを大量に使用すると、ファンデーションが肌に馴染まず浮いてしまう可能性があるので、適量を薄くのばすようにすると綺麗に仕上がります。

2 CC クリーム

〝color control〟の略で、下地と色味補正の機能が一つになっています。BB クリームはカバー力がありますが、CC クリームはコントロールカラーと保湿の役割があり、薄付きで軽く、厚塗りになりにくいのが特徴です。

しっかりカバーしたいという方は、ファンデーションやパウダーを重ねましょう。スキンケアに特化したベースメイクアイテムで、肌悩みを隠すのではなくお肌全体を均一に整えます。お肌の色味をトーンアップさせてくれるため、ハイライトとしても効果的です。

また、くすみを軽減し、血色を良く見せてくれるピンク系や、シミやくすみカバー効果の期待できるイエロー系など、豊富なカラーバリエーションがあるので肌質にあわせて使い分けましょう。

【CCクリームの選び方】

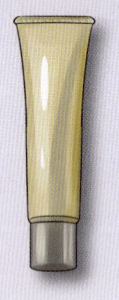

CCクリームは、主にお肌の色味補正に使われる化粧下地の一種です。メーカーによって成分配合などが変わってきます。

最近では、UVケアや保湿効果のほかに美容液成分が配合されていたり、お肌の弱い方向けに特化したものなどさまざまです。大切なのは肌色をしっかり補正でき、肌馴染みが自然で素肌を綺麗に見せてくれるカラーを選ぶことです。

 【血行と顔色の関係】

疲れたり冷えたりすると血行が悪くなり、酸素や栄養が充分に行き渡らなくなります。新鮮な酸素の不足は、血液を黒っぽくさせてしまうため、その色が皮膚を通して見えてしまうと肌の明度が下がり、顔の血色が悪くなったりくすんで見えたりします。

③ コントロールカラー

　顔の赤みやお肌のくすみ、目のクマや血色など・・・尽きないお肌の悩みには、ベースメイクにコントロールカラーを使い肌色が均一に見えるように補正しましょう。

　コントロールカラーには、カラーバリエーションがたくさんありますが、お肌の悩みにあわせてカラーを選ぶことが大切です。

　クマやくすみ、赤み等の色の悩みには、正反対の性質をもつ補色を重ねることで、まるでなかったかのように、お肌の色味補正ができ、ファンデーションの厚塗りも防止できます。

☐ ピンク：血色よく健康的に見せたい
☐ イエロー：くすみを抑えて明るく見せる
☐ グリーン：お肌の赤みを抑える
☐ ブルー、パープル：透明感が欲しい

【コントロールカラーの使い方】

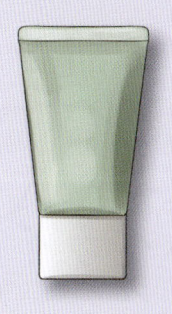

　コントロールカラーは、気になる箇所に指でポンポン叩き込んでピンポイントでカバーしましょう。

　目の下のクマや、口角、小鼻のくすみには、オレンジやイエローが効果的です。

　適量を手のひらにのばしてから、必要以上の範囲には伸ばさないように、素早く馴染ませます。

　目尻や小鼻の溝などヨレやすい箇所は薄めに伸ばすのがポイントです。

 【血色アップのマッサージ】

　顔の筋肉に力を加えコリをほぐしましょう。血液やリンパを流すように意識して、顔の内側から外側へ、下から上へと小さくらせんを描くようにマッサージします。最後に耳の前からフェイスラインを通り、首から鎖骨に向かって流しましょう。

テカらないツヤ肌

？ テカらずにツヤ感を出すには？

！ 下地やファンデーション、ハイライトでテカリ知らずのツヤ肌を作りましょう！

　ツヤ肌は「水光肌」ともいわれるとおり、油っぽいテカった肌ではなく、水っぽい、内側から輝くような肌が目標とされます。テカリにみえてしまう理由は、皮脂や化粧品の油分がメイクににじんでいること。ツヤ肌をつくるには、水っぽさと透明感がカギとなります。

ポイントは……

❶ テカらない化粧下地

❷ ツヤ肌をつくるファンデーション

❸ パール入りのハイライト

【韓国発祥のクッションファンデ】

　クッションファンデで最も評価されているのは、ツヤ感。ムラになったりよれたりせず、厚塗りにならないため、自然な色味で肌に均一感を与えてくれます。
　また、他のファンデーションより水分量が多いため、保湿効果もあり乾燥肌や混合肌の方にお薦めです。

 テカらない化粧下地

テカり防止系化粧下地は、顔全体に使うタイプと部分的に使うタイプの2つに分かれます。

脂性肌で顔全体がテカる方には、顔全体に使えるものが良く、混合肌でTゾーンだけがテカる方には、部分用化粧下地を使いましょう。どの範囲にテカり防止系下地を使いたいのかがポイントになります。

また、ツヤ肌も下地で決まるといっても過言ではありません。ブライトアップ効果のある下地でテカらないツヤ肌を手に入れましょう！

【テカらない化粧下地の使い方】

テカリによる化粧崩れを防ぐには、化粧下地使いがカギとなります。

基礎化粧品でお肌をしっかり整えたら、皮脂分泌の多いTゾーンに、皮脂吸着効果のある下地を適量塗りましょう。広範囲に塗ってしまうと、お肌が厚ぼったくなってしまったり、ヨレの原因になってしまうので、最小限にとどめるのがポイントです。

その後に、ブラシでパウダーファンデーションを薄く重ねると綺麗に仕上がります。

 【指やスポンジではなく〝筆〟で！】

リキッドファンデを塗る際に注意したいことは、厚く塗り過ぎないこと。密着率がよく肌馴染みがよい分、ヨレると化粧直しも大変なので、筆を使用し薄く細部まで均一に塗りましょう。

2 ツヤ肌をつくるファンデーション

　パウダーファンデはマットな質感になってしまうため、クッションファンデやリキッドファンデでツヤを保ちましょう。
　トレンドの〝ツヤ肌メイク〟にオススメのクッションファンデとは、コンパクトの中のスポンジにリキッド状のファンデーションが染み込ませてあります。パウダーの手軽さとリキッドのカバー力＆ツヤ肌を叶えてくれる優れものです。
　リキッドファンデは、油性成分がリキッド（液体）状のファンデーションです。油分が入っているため伸びがよく、肌への密着度が高いのが特徴です。カバー力と保湿力を兼ね備えた製品が多く、カバーをしながらも透明感のある肌づくりにむいています。

【ファンデーションの利点と欠点】

クッションファンデ
　コンパクトで持ち運びがよく、化粧下地が不要なうえ、カバー力とツヤ感がだせる利点があります。
　付属されているパフの衛生管理や塗り方が難しく使用量がわかりにくいことが欠点です。

リキッドファンデ
　油分が多く入っているため伸びがよく、肌への密着度も高く、カバー力と保湿力に優れています。
　洗浄力の強いクレンジングが必要となるので肌への負担は大きくなります。

 【ファンデーションの前に！】

　どのタイプのファンデーションでも、基礎化粧でお肌を整えることは重要です。理想は、洗顔後30秒以内に化粧水で保湿し、美容液や乳液で整えます。化粧品の余分な油分は、ティッシュオフしてからファンデを塗ることで崩れ予防になります。

❸ パール入りのハイライト

ベースメイク

　細かい粒子のパールは、自然なツヤ感をだし、くすみやクマを光の拡散作用で目立たなくして立体的に見せてくれます。

　顔の高い部分の額や鼻・頬の三角ゾーンにのせてツヤをだし、肌全体を明るくさせましょう。目尻やほうれい線に仕込むとシワを目立ちにくくさせる効果もあります。

　また、テカテカになりすぎない理想のメリハリツヤ肌を目指すには、下地とハイライトの使い方が重要です。とくに、仕上げのハイライトは、輝度の違うツヤを、高さや明るさをだしたい部分にピンポイントでのせていくのが立体感のあるツヤ美肌をつくるポイントです。

【ハイライトの種類】

　粉末状のハイライトが主流ですが、クリームタイプやスティックタイプのハイライトもあります。

　ハイライトを入れる部分や用途にあわせ、色味、質感、美容成分が配合されているものなど、さまざまな種類があります。

　また、アイシャドーやチークと兼用できるものもあり、裏技としては白味やベージュ味の微粒子のアイシャドーをハイライトとして代用してもOKです。

 【テカらないツヤ肌を化粧水で！】

　化粧下地や、ファンデーション選びでテカらないツヤ肌をつくることは前述の通りですが、オイリー肌や敏感肌でこれらを使えない方は、パウダーファンデの上からミスト状のプレ化粧水を吹くとファンデがお肌に密着しツヤ肌を作ることができます。

コンシーラーの使い方

❓ メイクで肌色をカバーしたい・・・

❗ 地肌の色にあったコンシーラーを部分的に使いましょう！

　コンシーラーは、ベースメイクとしてファンデーションを塗る前に、目の下のクマや顔のシミなどを隠す際に使用します。お肌とほぼ同じ色味か、お肌より少し明るめの色味を選びましょう。

　ポイントは……

① テクスチャー選び

② カラー選び

③ メイク方法

【補色の関係】

　コントロールカラーは、補色の性質を使って肌色の補正をします。たとえば、赤ら顔やニキビ跡などの赤い部分を補正するには補色のグリーンを。黄ぐすみや黄色味の強い肌には補色のブルーを。白浮きの原因ともなるのでコントロールカラーの厚塗りは厳禁です。

❶ テクスチャー選び

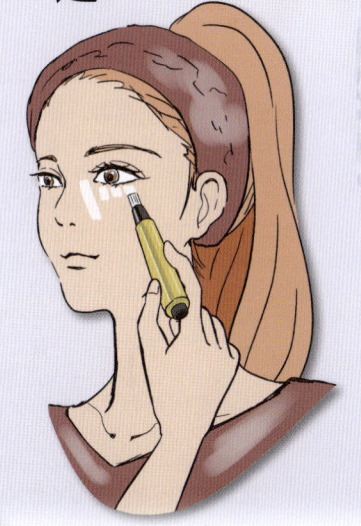

リキッド・筆ペン、スティック、クリーム、ペンシルといった種類があり、形状だけではなく、水分と油分の配合割合によりテクスチャー（使用感）やカバー力が異なるので、用途によって使い分けましょう。

テクスチャーが固い順に、ペンシルタイプ、スティックタイプ、クリームタイプ、リキッドタイプ（筆ペンタイプ）となります。

カバー力は、スティックタイプやクリームタイプが高く、リキッド（筆ペン）タイプは、薄いシミやクマに適しています。

また、ペンシルタイプは唇の輪郭を消したり、すごく小さなホクロやシミなどの部分補正に適しています。

【各コンシーラーの特徴】

- **スティックタイプ**
　一番オーソドックスでカバー力と密着力に優れますが、厚塗りにならないように注意が必要です。

- **クリームタイプ**
　油分が多いため伸びが良くツヤ感がでてカバー力もあるのでシミ、クマ、ニキビ跡など広範囲に使用できます。

- **リキッドタイプ**
　水分が多く馴染みやすく使いやすいのでビギナーにオススメです。

【強力にカバーしたい時は？】

コンシーラー＋リキッドファンデや BB クリーム
＝ 強力カバー

コンシーラーを、リキッドファンデや BB クリームに最初から混ぜて塗ることで、強力なカバー力に。ただし、厚塗りにならないように注意しましょう。

② カラー選び

　隠したい〝肌悩み〟にあった色味を選びましょう。あまり明るすぎたり暗すぎると、その部分だけ浮いてしまうので地肌のトーンとあわせることが大切です。
　目の下のクマは、原因や色で3種類に分類されます。それぞれにあったコンシーラーを使うことで肌馴染みが良くなります。
・青クマ（下に引っ張ると薄くなる）
　　オレンジ系がオススメです。血行不良が主な原因なのでマッサージ等で血行を促進しましょう。
・黒クマ（上を向くと薄くなる）
　　ベージュやオークル系がオススメです。たるみや老化が原因なのでスキンケアでハリを与えましょう。
・茶クマ（消えない）
　　イエロー系やベージュ系がオススメ。シミや摩擦の色素沈着が原因なのでUVやメラニン対策を入念にしましょう。

【部分別コンシーラーの色選び】

・ほうれい線
　ほうれい線は、シワそのものが目立つのではなく、口もとに影ができることで目立ちます。光で影をとばすように、地肌よりも比較的明るい色を選びましょう。

・ニキビ、ニキビ跡
　赤く炎症している場合はグリーン系のコンシーラーを！　赤みが少ないのであれば自分の肌と同程度のイエロー・ベージュ系のコンシーラーを選びましょう。

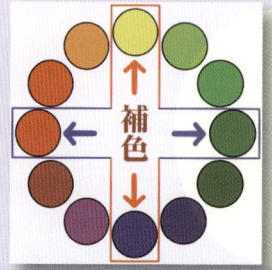

 【補色とは？】

　補色とは、色相環（color circle）で正反対に位置する関係の色の組合せのことをいいます。
　たとえば、色相環を360℃として、一つの色の位置から180℃の正反対にある色が補色になります。
　例：黄色の補色は青紫、赤の補色は緑（左図）

③ メイク方法

コンシーラーを肌に馴染ませる際には、隠したい部分に塗りたくるのではなく、指の腹で置くように軽く叩きながらお肌に乗せることが大切です。ファンデーションのタイプによって、コンシーラーを使う順番が変わります。

・パウダーファンデーション

　コンシーラーはファンデの〝前〟に！……下地やコントロールカラーなどをのせてからコンシーラーを使い、その後パウダーファンデーションを塗っていきます。

・リキッド、クリームファンデーション

　コンシーラーはファンデの〝後〟に！……下地やコントロールカラーなどをのせファンデを顔に伸ばした後に、コンシーラーで気になる個所をカバーしていきましょう。

【BB クリームなどのオールインワンのときは？】

　BB クリームに代表される下地や UV ケアとファンデーションの機能が一体となったリキッド状のオールインワンタイプの場合は、後からコンシーラーを塗りましょう。

　オールインワンタイプのものは、美容成分を多く含みスキンケア力の方が高いものもありますので、BB クリームを先に塗ることをオススメします。

 【補色の心理効果は？】

　外科手術を行う医師は、血液の赤を長時間見続けるため、補色である緑色の残像に悩まされてきました。1925 年頃から現在においても、補色残像を和らげる効果がある色として、外科手術室の内装や手術着には薄い緑色が採用されているそうです。

ニキビ・肌荒れ

　ニキビや肌荒れができてしまった場合には、悪化させないよう清潔にするのがポイントです。肌へダメージを与えないようにすることが大切ですが、メイクはよくないとは一概にはいえません。

ポイントは……

① 肌荒れ対策のメイク

② ポイントメイク

③ クレンジング・洗顔

 【ノンコメドジェニック処方】

　そもそもニキビになりやすい成分や、ニキビの原因になるアクネ菌は、酸化した油が食料になっています。酸化しにくい油をつかっていたり、そもそも油を使わないで作ってあるなど、アクネ菌の食料にならない成分でつくってあります。

① 肌荒れ対策のメイク

ベースメイク

肌荒れが気になる時は、お化粧しないほうが肌への負担が少ないと思われがちですが、そんな時こそ、汚れや紫外線といった外的刺激からお肌を守るためにもファンデーションを塗ったほうが良いのです。確かに、肌荒れしている時の肌はバリア機能が低下し刺激に弱い状態にありますが、お肌に優しい日焼け止めや、日焼け止め効果のある BB クリームなどを使用し、肌へのダメージを軽減させましょう。

ニキビなどでお肌が傷ついてしまっている場合は、ファンデーションの塗り方にも気をつけて、なるべく薄く仕上

げ、スポンジ等の化粧道具も常に清潔に保つように心がけましょう。

【ニキビがある時のファンデーション】

肌を休めることは大切ですが、何も塗らないでいると、紫外線にあたってしまいニキビが悪化したり、肌荒れやシミの原因になることもあるので、肌をケアしながらメイクでき

るものを選びましょう。

油分の少ないパウダータイプ、シンプルな処方のミネラルファンデーション、下地不要のオールインワンタイプのものがお薦めです。

【大人ニキビ】

大人ニキビは思春期ニキビと同様、皮脂の過剰な分泌によって起こり、不適切なスキンケアや生活・ストレスで悪化します。一方、肌は乾燥しており保湿ケアも重要。ホルモン周期やホルモンバランスの乱れが背景にあるケースも多いことが大人ニキビの特徴です。

❷ ポイントメイク

　ニキビから視線をそらすというのも一つの手です。アイメイクやリップメイクを濃くすることで、ニキビや肌への印象をやわらげます。両方とも濃くしてしまうとメリハリがなく、ただ濃いメイクになってしまうので、必ず片方だけを濃くしましょう。

　たとえば、日焼け止めだけを塗り、アイシャドウ、アイライナーとマスカラで目もとの印象を強くしたら、色付きリップでナチュラルに仕上げる。または、目もとは眉毛だけ整えて、口もとにポイントを置いて、鮮明な色味の濃いリップで目だたせる等、その日のお肌の状態にあわせて足し算・引き算してメリハリをつけましょう。

【年齢相応なポイントメイク】

　ニキビを治そう隠そうとするあまり、ついつい厚くコンシーラーで塗りつぶしたり、ついいついフルメイクで厚化粧になってしまったり・・・なんてことも？

　そんな時こそ、年齢

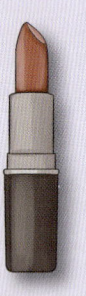

相応のお肌を活かしてポイントメイクを楽しんでみましょう。

　目もとか、口もとかキリっとしているだけで、メイクしてます感が演出できますよ！

 【季節の変わり目による肌荒れは？】

　肌荒れが気になった時、スキンケアアイテムを変える人は多いと思いますが、実はベースメイクの化粧品を見直すのも、健やか肌への近道。秋冬の乾燥しがちな時は保湿力の高いもの、春夏はサラリと軽いファンデーションなど使い分けてみてはいかがでしょうか。

 # クレンジング・洗顔

　肌荒れを悪化させないためのメイクをしたのに、クレンジングや洗顔を怠っては皮脂の酸化や角質詰まりなどが発生し、新たなトラブルの原因となってしまいます。

　スキンケアの基本である洗浄、保湿、紫外線対策は不可欠で、洗顔は1日2回で十分です。過剰な洗顔はかえってバリア機能を破壊し、乾燥や肌荒れの原因となります。スキンケア製品は低刺激で油分が少ないものを選びましょう。

　さまざまなニキビ用化粧品（医薬部外品）がありますが、〝ノンコメドジェニックテスト済み〟と表記された製品は、試験を行いニキビを悪化させないことが確かめられているのでオススメです。

【ニキビ肌の正しい洗顔方法】

①蒸しタオルでしっかりと毛穴を緩めましょう！　蒸しタオルを使うと血流も促され、毛穴が開き、汚れが落ちやすくなります。

②ニキビ肌用やクレイ（泥）が主原料の洗顔料を使い、たっぷり泡立てて優しく包み込む

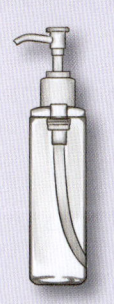

ように、Tゾーンを中心に洗顔しましょう！

③ぬるま湯で30回以上、毛穴まで行き届くようにしっかりとすすぎましょう！

④柔らかい清潔なタオルで、水分を吸い取るようにして拭き取りましょう！

 ### 【お肌に優しいファンデは？】

　メーカーによってさまざまですが、一例として、薬用（薬用成分配合）、ミネラル（天然の鉱物配合）、無添加（防腐剤・アルコール・パラベンなどの成分が配合されていないもの）、医療部外品（医薬品と化粧品の中間に位置し、医薬品的な効果が認められるとして厚労省の申請許可があるもの）などがあります。

ファンデーション選びの正解は？

❓ どんなファンデーションがいいの？　基準は？

❗ 肌質や、なりたい肌にあわせて選びましょう！

　肌の潤いが足りず角層が毛羽立つと、いくらメイクでカバーしようとしても、ファンデが浮いて崩れやすくなります。毎日のスキンケアをていねいに行い、素肌を整えることが大切です。

ポイントは……

① パウダーファンデーション

② リキッドファンデーション

③ クリームファンデーション

【クッションファンデーション】

　クリームファンデーションに分類されコンパクトケースに収納されたクッション（スポンジ）に染み込ませたファンデーションです。カバー力に優れ、厚塗りになりがちなクリームファンデーションを薄付きに仕上げることができ、話題となっています。

① パウダーファンデーション

ベースメイク

コンパクトに入った固形のファンデーションです。粉タイプで油分が少ないため、マットな質感にしたい人、テカりがちなオイリー肌の人、混合肌の人、または、化粧直しを何度もされる人に向いています。

水分を含まないので、防腐剤や乳化剤などの添加物が使われてないものもあり、適度なカバー力と透明感をだすことができます。持ち運びも便利なため、ファンデーションの中でも一番選ばれています。

パウダーファンデーションを綺麗に塗るためにも、

パフやスポンジは清潔に保ちましょう。

【お肌の悩みとファンデ選び】

・乾燥肌や敏感肌

ケミカル成分があまり入っておらず、天然由来成分の保湿成分がたくさん入っているものや、皮膚科医監修のファンデーションがお薦めです。

・混合肌

混合肌でも保湿は必須ですので、パフやブラシ等重ね付けに適している保湿効果の高いものがお薦めです。

・オイリー肌

皮脂を増やさないように、油分の少ないミネラルファンデーションや皮脂コントロールできるものがオススメです。

【ミネラルファンデーション】

普通のファンデーションとは一線を画すファンデーションです。マイカや酸化亜鉛、酸化チタンなどの天然鉱物を主な原料とし、石鹸のみでオフできる（＝クレンジング不要）ものや、薬用も多いので肌に優しいのが特徴です。

② リキッドファンデーション

　リキッドファンデーションは、粉と油と水が、1：2：7で配合されており、水分が多いため潤いがあります。カバー力と保湿力が高く、肌への密着度が高く伸びが良いのが特徴で、トレンドのツヤ肌を簡単に作ることができます。
　また、ルースパウダーやおしろいなどでマットな質感も表現できます。より自然な素肌感を演出したいという方にオススメです。ただし、オイリー肌さんには、油分の含有量が多いリキッドファンデは、皮脂浮きによる化粧崩れの原因になってしまうのでオススメできませんが、リキッドファンデを使用する際には、皮脂コントロールや、保湿を入念に行うと化粧崩れを軽減できます。

【リキッドファンデーションの塗り方】

　リキッドファンデーションを塗る方法は、手、スポンジ、ブラシ等使いやすい道具で、適量を手の甲に乗せ、指で軽く混ぜ、体温で柔らかくしてから顔の中央から外側に向かって素早く伸ばします。

量が多いと厚塗りになり化粧崩れの原因となりますので、最初は薄いかな？と思うくらいの量で塗りましょう。
　小鼻や目尻などの細部は、ポンポンと叩き込むように馴染ませましょう。

 【ファンデーションは何で塗る？】

・手を使う → 道具を使わないのでコスト削減でき、細部までしっかり塗れますが、均一に伸ばすことが難しく崩れやすいのが欠点です。

・スポンジ → 手が汚れず均一に塗れます。厚塗りにならず崩れにくいですが、定期的にスポンジの洗浄・交換が必要です。クレンジングもしっかり行ないましょう。

3 クリームファンデーション

クリームファンデーションは、粉・油・水が２：２：６の割合で配合されている乳化したファンデーションをいいます。

リキッドファンデーションより水分が少なく、粉が多めで、リキッドファンデーションと比較して硬めのテクスチャーのファンデーションです。テクスチャーが硬い分、より肌に密着します。カバー力が強いので一度塗ると崩れにくく、シミやそばかすなどを隠したいしっかりめのメイクに向いています。

また、〝トレンドのツヤ肌〟を作れるクッションファンデーションは、パウダーの手軽さとリキッドのカバー力をあわせもったファンデーションです。

【クリームファンデーションの塗り方のコツ】

リキッドファンデーション同様に、まずクリームファンデを指でおでこ、両頬、顎の４ヶ所に少量ずつ乗せます。指や、スポンジを使い素早く伸ばしましょう。

テクスチャーが固く

カバー力が高いので、付けすぎると厚塗り感がでてしまうので、少量を薄く伸ばすことで、化粧崩れを防ぐことができます。

クマやシミの部分にはポンポンと置くようにしましょう。

【ツールを使い分けなりたい肌感へ】

プロも愛用のブラシを使うと・・・

ブラシに密着したファンデーションが、毛穴の凹凸や細部にまでも埋め込まれるので、スピーディに均一に塗れてテクニック要らずですが、毛の細部までファンデーションが入り込むのでこまめなお手入れが必要です。

白浮きをなくしたい

？ ファンデーションの白浮きを防ぐには？

！ 白浮きの原因は、肌の色とベースメイクの色や組み合わせがあわないことです。

　日焼け止め、化粧下地、ファンデーション、コンシーラー、フェイスパウダーなど、ベースに使用する色と肌の色とのバランスが白浮きの原因です。また、手入れを怠りやすい首はくすみがちになってしまうため、スキンケアは顔だけでなく首にも行うようにしましょう。

ポイントは……

1 スキンケア

2 色選び

3 メイク方法

【顔だけオバケ？】

　お肌よりもファンデーションの方が明るければ、光とのバランスで顔のみが前にでてしまう印象や、膨張効果で実際よりも顔だけ浮いて大きく見えてしまいます。一方、お肌よりもファンデーションの方が暗ければ、影が生じて顔色が悪く、くすんで見えてしまう原因に！

① スキンケア

　肌が乾燥している状態でファンデーションをのせると、肌に密着しづらくなり、ファンデーションが肌から浮いて見えてしまうので気をつけましょう。

　また、乾燥した肌をカバーするのに厚塗りをしてしまい、白浮きの原因となるので注意が必要です。

　洗顔、化粧水、乳液などのスキンケアを、首にも行うようにします。首のくすみをとりトーンを明るくすることで、明るい色のベースも浮きにくくなります。青や緑のコントロールカラーは白浮きの要因にもなるので分量に気をつけましょう。

ファンデーション基本の色

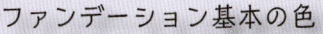

ピンク　　オークル　　ベージュ

【白浮きする時はピンク系を】

　白浮きしがちな方にオススメなのが、ピンク系のコントロールカラーです。自然な血色感をだすことができるピンク系のコントロールカラーは、肌の色を整えながら、バランスのとれたベースメイクに仕上げることができます。

　顔が青白く見られがちな方や、お肌の血色がイマイチの時には、暖色系のコントロールカラーの使用をオススメします。

【フェイスラインとは？】

　顔と首の境目である顎のラインをフェイスラインといいます。ファンデーションの色味は、手の甲ではなくフェイスラインに何種類（何色）かのせてみることで、白浮きのない地肌に近い色味を選ぶことができます。

② 色選び

　ファンデーションは、大きく分けてピンク系・オークル系・ベージュ系の色があり、地肌の色味にあわせて使用します。
　赤みの強い肌はピンク系、黄みの強い肌はベージュ系、その中間がオークル系となり、さらに明るい色、中間の色、濃い色を選びます。顔につけたときの色とファンデーション自体の色は異なるので、フェイスラインで色味を確認します。
　首の色を基準にファンデーションを決めると、長時間経過した時に肌がくすんで見えてしまうことがあります。色味選びに困った際には、首と顔の中間色をチョイスしてみましょう。

【首とデコルテをトーンアップ】

　顔と首の色味の境を和らげる方法は、スキンケアと、ベースメイクやファンデーションの色味選びで調整できます。
　とくにトーンアップさせたい時は、青やパープル系のベースや

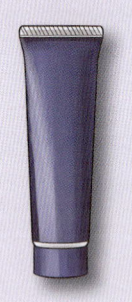

日焼け止めの使用で、視覚効果を上げることができます。
　ファンデーションを首まで塗るのが苦手な場合は、首やデコルテに薄くパープル系の日焼け止めを塗ると色調が整います。

【地肌に合う色選び】

　一般的にベージュ系は黄味よりの色で、オークル系はベージュ系よりも赤味よりの色を指します。
　肌色がイエベさんの方はベージュ系を、肌色がブルベさんの方はオークル系の色味を選ぶとお肌に馴染みやすいでしょう！

❸ メイク方法

　肌色に合ったファンデーションやベースを選んだら、〝ちぐはぐメイク〟を解消するメイクテクニックも身につけましょう。

①化粧下地を顔全体に塗ったら、気になる部分をコンシーラーでカバーします。コンシーラーが白いと仕上がりにムラができるので注意しましょう。
②少量のファンデーションをフェイスラインに塗り首の色に近いかどうか確認しましょう。ファンデーションを顔の中心からフェイスラインへ伸ばすにつれて薄付きにします。
③顔の中心をスポンジでポンポンと押さえて外側へ滑らせるように馴染ませます。
④仕上げにフェイスパウダーを顔全体に付けましょう。首の色味と馴染みやすいように、色味のない(少ない)ルースパウダーを使うのがオススメです。

【ファンデーションを塗る時のポイント】

　ファンデーションは顔だけでおしまいにせず、首のほうまで軽く伸ばすのをお忘れなく。
　顔でプツンと切れてしまうと、どうしても不自然に浮いて見えてしまいます。顔と同様に、手のひらで首筋まで自然になじませましょう。
　ファンデーションの選び方と塗り方を工夫すれば、顔と首の色が違う〝白浮きメイク〟を回避することができます。

【なぜ顔と首の色が違うの？】

　日焼け止めの塗り忘れで顔と首の色に差が出てしまいがちですが、一番の原因は毎日のスキンケアです。首と顔のターンオーバーの周期を整えることで色味が近付いていくので、スキンケアは首まで行いましょう。

付属のファンデーション スポンジで大丈夫？

？ スポンジは一種類で良いの？

！ 用途や仕上げたい肌感にあわせて、ツールの使い分けをしましょう！

　手、スポンジ、ブラシなどを駆使して、仕上げたい肌感の演出や、パーツや用途にあわせてツールを使い分け、細部までき め細やかにファンデーションを馴染ませてみましょう。

ポイントは……

1 手で塗る

2 スポンジで塗る

3 ブラシで塗る

 【スポンジはこまめに洗う？】

　リキッドファンデや、パウダーファンデを塗る際に使用するスポンジは、定期的に中性洗剤で洗い清潔に保ちましょう。

　スポンジに残っているファンデがあると、色むらや塗りむら、厚塗りの原因になります。

① 手で塗る

ベースメイク

指は粉を含むことができないのでパウダーファンデーションには向いていませんが、油分を多く含むリキッドファンデーションや、クリームファンデーションに向いています。手の体温でファンデーションが柔らかくなり肌に密着します。

ムラなく塗る方法は、人差し指・中指・薬指の第2関節までとり、頬の中心から外側に向い素早く伸ばしていきます。

目の周りや小鼻の周辺は、指先を使いポンポンと指の腹で叩き込むように馴染ませるのがポイントです。

【手で塗るコツ】

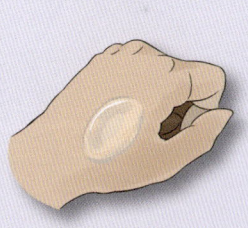

厚塗りにならない基本の塗り方は、手の甲にファンデを適量出し、中指と薬指を使ってくるくると馴染ませます。両頬、おでこ、鼻、あごにのせ、内側から外側に向かって広げ、小鼻や目尻は残ったリキッドを薄く叩き込むように馴染ませ、フェイスラインや生え際にぼかしていきます。

最後にハンドプレスしてお肌に馴染ませたらフェイスパウダーで仕上げましょう。

 【お肌の乾燥には裏技を！】

スポンジの種類は用途にあわせて選びましょう。乾燥がひどい時には、スポンジを水に濡らし、しっかり絞った状態でファンデーションを付けます。こうすることでファンデと水分が混ざり、お肌にピタっと密着しやすくなります。

② スポンジ（パフ）で塗る

　しっかりカバーしたい時はスポンジを使いましょう。余計なファンデーションをスポンジが吸収するため、厚塗りを防ぎ密着度もアップします。平面や角をうまく使うことで塗りムラの防止や細かい部分のカバーがきれいにできますが、慣れるまでに少し時間がかかってしまうかもしれません。

　ファンデーションの前に、パフに水を少量含ませてしっかり絞ってからファンデーションを付けると、肌に密着し崩れにくくなりツヤ肌も作れます。

　塗り方のコツは、手で塗る場合と同様に適量をスポンジにとり、顔の内側から外側に向けてポンポンと叩き込むように仕上げましょう。

【スポンジの用途別種類】

　パウダーファンデーション用の薄くて平たいスポンジやリキッド、クリーム系ファンデーション用の三角や菱形などの形状のスポンジなど多種類あります。

　メイクスポンジの使い方やテクニックで、

ファンデーションを細部まで密着させて、美しいベースメイクを仕上げましょう。

　また、スポンジやパフは定期的に洗い清潔に保って塗りムラや肌荒れを防ぎましょう。

 【ブラシ塗りのコツは？】

　リキッドやクリームフやパウダーファンデをブラシで塗る際は、少量ずつ顔の中央から外側に向かって、素早くブラシを動かすのがポイントです。よく動く目もとや口もと、Ｔゾーンはブラシに残っているファンデで薄く伸ばすとムラなく自然な仕上がりになります。

❸ ブラシで塗る

　リキッドでもパウダーでもブラシ（筆）を使うことで、キメや毛穴の細かい凹凸にもファンデーションが薄く均一に馴染み、自然なツヤがでます。メイクアップアーティストの多くがブラシ塗りをされているそうで、仕上がり感が断然綺麗なため、この機会にブラシ塗りに挑戦してみましょう。

　リキッドやクリームファンデの厚塗りにならない〝How to〟は、ブラシ（筆）の毛先に少量ずつファンデーションを含ませ、足りなければその都度足していきましょう。

　パウダーファンデは、ブラシに取ったファンデを一度ティッシュにトントンとして余分なパウダーを取ると、ブラシの内側までパウダーを馴染ませることができます。

【筆とブラシの選び方】

　リキッドファンデには、コシがあって先端が薄い小回りの利く筆犬のブラシがオススメです。

　イメージとしては、顔を画用紙に見立てて、筆で描くようにファンデーションを塗りましょう。

　パウダーファンデには、先端が平らに束ねられた丸筆がオススメです。

　お肌に当てた際に、顔の凹凸に柔らかくフィットするブラシを選びましょう。

 【ブラシは清潔第一！】

　パウダーファンデのブラシ塗りは、薄く付きやすいため、均一なツヤを出すには最適ですが、カバー力は手やスポンジには劣ります。また、粉をよく含むためこまめに洗浄し、しっかり乾燥させ清潔に保ちましょう。

ファンデーションの厚塗りを防ぐ！

？ ファンデーションが厚塗りになってしまう・・・

！ 下地やファンデーションやフェイスパウダーの量を調節しましょう！

　ファンデーションが厚塗りになってしまう原因は、下地やファンデーション、フェイスパウダーの量が多いことです。少ない量で必要な部分だけをカバーすることで薄付きにできます。

ポイントは……

1 厚塗りを防ぐ
下地メイク

2 厚塗りを防ぐ
ファンデーション

3 厚塗りを防ぐ
フェイスパウダー

【下地とファンデは SET で！】

　同じブランドの下地とファンデは、凸凹がピタッとくっつくように、互いがキレイに密着するようにできています。
　同じブランドのものを使用した方が、より綺麗に仕上げることができます。

❶ 厚塗りを防ぐ下地メイク

皮膚の薄い部分は、下地のみ薄く塗りましょう。目の周りやフェイスラインなど、皮膚の薄い部分を濃いテクスチャーのファンデーションやコンシーラーで厚くカバーすると、一気に厚塗りに見えてしまいます。カバー力が低い下地のみを使うことで自然なメイクに見えます。

どうしても隠したいシミやニキビ跡などカバーしたい部分がある場合は、コンシーラーを少量ずつ指に取り、ポンポンと叩き込むように薄く塗るのがポイントです。コンシーラーの色味や量にも気をつけて、あくまでも少ないかな？　と思うくらいが自然に見えるコツです。

【厚塗りを防ぐ下地】

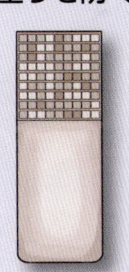

優しい洗顔と基礎化粧の段階で、きちんとお肌に成分と水分が吸収されたことを確認します。手の甲でお肌に触れた時に、少しひんやりしていたら浸透している合図です。

余分な油脂を取り除くために、顔全体をティッシュで軽くおさえます。スキンケア後に下地をしっかりとお肌に馴染ませましょう。しっかり馴染ませないと、ファンデーションが浮いてしまうので注意しましょう。

【半顔に使用するファンデの量は？】

半顔にパフ1回分のファンデの量を取れば、十分に半顔をカバーすることができます。面積の広い頬や額から順に、目、鼻、口もとをカバーして、フェイスラインに向かってパフを優しくすべらせ馴染ませましょう。

❷ 厚塗りを防ぐファンデーション

　ファンデーションもごく少量を必要な部分にのみ塗りましょう。ファンデーションを顔全体に塗る必要はありません。頬の三角ゾーン、額〜鼻、顎のTゾーンにのみ使用し、顔の中央から外側へ伸ばしていきます。フェイスラインにはほとんど余らないため、首との境目が目立ちにくくなります。

　厚塗りに見えないコツは、色味に気をつけて薄く塗ることです。顔の中央部分が綺麗に塗れていれば、お肌は綺麗に見えます。また、お化粧直しを除いては、ファンデーションの重ね塗りはヨレや厚塗りの原因となるので、なるべく一度で塗り上げるのがポイントです。

【NG なファンデの使い方】

・ファンデを何度もパフに取る
　ファンデを何度も取ってはつけ、取ってはつけを繰り返すことで、顔が粉っぽく厚塗りになってしまいます。また、重ねるほどに崩れやすくなってしまいます。

・顔の隅々まで塗り込む
　髪の生え際、フェイスラインまでしっかり丁寧に塗り込むのは NG。顔に立体感がなくなり、厚塗りな印象になってしまいます。

 【目元や口元をカバーし過ぎない！】

　とくに、目や口のまわりはトラブルがでやすい部分です。それを隠そうとして、何度もファンデを重ねるのは逆効果。目や口はたくさん動く部分なので、厚く塗るとすぐに崩れてしまったり、小じわに入り込んで逆に目立ってしまいます。極々薄く塗りましょう。

❸ 厚塗りを防ぐフェイスパウダー

　フェイスパウダーはナチュラルメイクの方にも、しっかりメイクの人にも、どんな人にとっても強い味方。ファンデーションに重ねることで透明感のある仕上がりになり、テカリや化粧崩れを防ぐことができます。皮脂のでやすいTゾーンや崩れやすい頬に薄くつけましょう。使用する前に手の甲などで一度馴染ませると薄付きになります。

　また、素肌を活かしたメイクに仕上げたい時や、ナチュラルメイクがお好みの人は、ファンデーションは使わずにフェイスパウダーだけでベースメイクをすると、より軽く自然な仕上がりになります。思春期の人や10代の人、メイク初心者の人などにもオススメの使い方です。

【フェイスパウダーの使い方】

　フェイスパウダーの付け方には、主にブラシを使う方法とパフを使う方法があります。

　パフで付ける際は、フェイスパウダーを付けたパフをしっかり揉み込むと、毛足にしっかりパウダーが馴染み、ムラや厚塗りを防ぐことができます。

　ブラシで付ける際は、パウダーを付けたブラシをティッシュや手の甲の上でくるくると毛の根本まで馴染ませるとムラや厚塗りを防ぐことができます。

【フェイスパウダーの裏技！】

　化粧下地を塗ったあと、パウダーファンデーションを使う前に、フェイスパウダーを顔全体に付けてお肌をサラサラにしておくことで、パウダーファンデーションを薄く伸ばすことができ、よりナチュラルなベースメイクに仕上げることができます。

シェーディングやハイライトを使いこなす！

？ のっぺりとした顔を立体的にするには？

！ 顔の凹凸にあわせたシェーディングとハイライトを入れましょう！

シェーディングやハイライトには、立体感をだす効果や光の拡散効果で顔を明るく見せることができます。骨格にあわせたテクニックを駆使して、コンプレックスを解消しましょう。

ポイントは……

① 立体感を出す
② 小顔効果
③ 視線誘導

【輪郭のコンプレックスを改善したい－面長】

☞ **ポイント**
エラの部分には手を加えず、顔の中心部分に視線を寄せましょう。シェーディングを入れる場合には額とあごに！

面長を解消するには、額とあごを目立たなくさせ、視線を顔の中心に寄せます。太眉やくりっと目にするなど、パーツを縦に大きくするといいでしょう。

面長さん

【チーク・ハイライト・シェーディング】

①チーク
頬に小さく入れると面長が助長されてしまいます。頬の高いところを中心に幅広く入れることで小顔に。

②ハイライト
鼻筋と目の下にハイライトを入れ、顔の中心に視線を誘導させましょう。ツヤで光を集めても OK。

③シェーディング
シェーディングは額とあごに！　上下に影をつけると、顔の長さが目立たなくなります。

❶ 立体感を出す

面長、丸顔、エラが張ったベース型、卵型と顔の形は大きくわけてこの4つに分類されます。この4つの顔型別に、シェーディングやハイライトを正しく入れましょう。

鼻筋の影と目の彫りにシェーディングを入れ、濃くすることで立体感をだすことができます。ハイライトは目頭と鼻筋に入れましょう。

顔型別にシェーディングやハイライトの入れる場所を解説していきますので、自分にあった入れ方をマスターしましょう。

ベースメイク

【輪郭のコンプレックスを改善したい－丸顔】

☞ ポイント
のっぺりとした顔や幼い顔に見えてしまう丸顔は、顔のサイドに影を入れ、立体的に見せることで解決できます。

エラと頬骨を中心にシェーディングを入れて立体的な顔にし、ハイライトは適度に入れます。顔目や眉のパーツは横に長く見せ、バランスよく。

【ハイライト・シェーディング・ポイントメイク】

丸顔さん

①ハイライト
目の間と目頭を中心に置くとメリハリのある顔に見えます。入れすぎると大きく見えてしまうため、軽くツヤを入れる程度に。

②シェーディング
額〜あごにかけての両サイド、頬骨には少し濃いめに、エラは濃くシェーディングを入れることで引き締まった顔になります。首元まで入れると目立ちません。

③ポイントメイク
眉をキリッと長めに入れることで丸顔が引き締まります。アイラインも同じように長めに。

② 小顔効果（顔を小さく見せる）

　額やエラ、あごなどの輪郭にシェーディング（影）を入れ顔の輪郭に濃淡をつけることで顔を小さく見せることができます。

　ハイライトは顔の中心に入れて、コンプレックスのある輪郭から目を離すのが効果的です。ただし、シェーディングは濃くなりすぎてしまわぬように注意が必要です。

　あまり濃く入れてしまうと、首との堺目が目立ちすぎて顔だけオバケになったり、小顔に見せたいあまりに頬やエラに濃く入れすぎると、特殊メイクバリな陰影になってしまいます。色味や入れ方を調整しながら顔型にあったシェーディングを入れましょう。なお、シェーディングとハイライトはセットで使うと、理想的な立体感を演出できます。

【輪郭のコンプレックスを改善したい－卵形】

☞ **ポイント**
　バランスのいい卵型は、シェーディングとハイライトを使って立体的にし、メリハリのある顔にします。

　バランスのいい卵型は理想的な顔型ですが、シェーディングやハイライトを入れることで、さらに立体的な小顔に見せることができます。あごの下にシェーディングを入れれば、一気に引き締まった顔になりオススメです。

 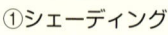 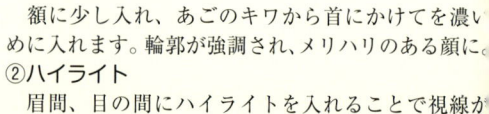

卵型さん

【シェーディング・ハイライト・ポイントメイク】

①シェーディング
　額に少し入れ、あごのキワから首にかけてを濃いめに入れます。輪郭が強調され、メリハリのある顔に。

②ハイライト
　眉間、目の間にハイライトを入れることで視線が顔の中心にいき、立体的に見せることができます。薄く、自然に入れるのがコツ。

③ポイントメイク
　チークは丸く入れてしまうと幼い顔に見えてしまうため、頬の高い位置からこめかみにかけて入れます。眉は太めにすることで引き締まった顔に。

3 視線誘導のテクニック

・ポイントに注目させる or 注目を避ける！

　ハイライトは視線を集める効果があり、シェーディングは目立たなくさせる効果があります。目立たせたい部分にはハイライトを、見られたくない部分にはシェーディングをおくといいでしょう。また、ポイントメイクとして視線を外すテクニックも試してみましょう。

　たとえば、口紅にポイントを置くメイクをしたり、アイメイクを強調するなどして、視線を注目させたい部分とそうでない部分のメリハリをつけると視線誘導が可能です。お顔の凹凸や高低の部分をよく理解してシェーディングとハイライトを使いましょう。

【輪郭のコンプレックスを改善したい－ベース型】

 ポイント

　顔の下半分が目立ってしまうベース型は、視線を上半分にもっていくことで解消できます。シェーディングは濃すぎないように。

　顔の上半分、目のあたりにハイライトを多めにおいて視線をもっていくことで、エラが目立たなくなります。エラ全体ではなく、隠したいところにのみシェーディングを入れ、エラ部分の悪目立ちを防ぎます。

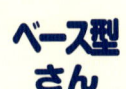

【ハイライト・シェーディング・ポイントメイク】

① ハイライト

　眉間・目頭・目尻にハイライトを入れます。視線を顔の上半分に寄せ、エラ部分を目立たなくさせます。

② シェーディング

　エラの外側部分にシェーディングを入れます。全体に入れると目立ってしまうため、注意が必要です。

③ ポイントメイク

　太めのアーチ眉を描くことで柔らかな印象になります。

ベース型さん

ベースメイクの
もちを良くするには？

？ メイクのもちを良くするにはどうしたらいいの？

！ メイク崩れの原因は油分と乾燥です。適切な対策でもちを良くしましょう！

　乾燥を防ぎ余計な油分を除くだけでもメイクもちはかなり良くなります。メイクもちを良くするには、肌の油分を最低限にして乾燥をなくし、ファンデーションなどの密着度を高めることが必要です。

ポイントは……

1 乾燥ケア
（コットン使用で保湿）

2 皮脂ケア
（皮脂吸着下地）

3 フェイスパウダー
の使用

【長時間のパックは逆効果！】

　コットンパックで大切なことは、一度入り込んだ水分を再度逃がさないこと。パックした後、お肌が少しヒンヤリしたらパックはすぐに外しましょう。長時間パックし過ぎると、お肌に入った水分が逆にコットンに戻ってしまい余計乾燥を招いてしまいます。

1 乾燥ケア（コットン使用で保湿）

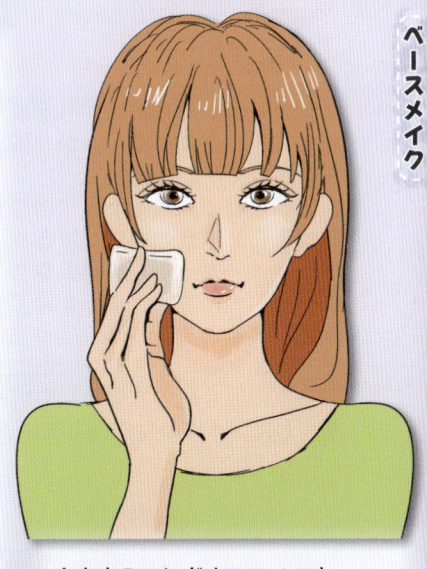

　室内でのエアコンによる乾燥対策も必要になります。顔の水分が不足すると、不足した体内の水分を補うために皮脂の分泌が増加します。皮脂の分泌が増えると、お化粧も崩れてしまいます。お肌の水分不足による皮脂の増加には、こまめな水分補給で、体の中から失った水分を補給することと、外側からの水分補給が必要になります。

　基礎化粧でのお肌の保湿方法は前述しましたが、化粧水をコットンにヒタヒタに浸し、とくに、乾燥が気になる目もとや口もとには、コットンパックをすることがオススメです。

【コットンパックのやり方】

　皮脂腺の少ない目もとや口もとは乾燥しやすく、そのまま放っておくとシワの原因になります。コットンやシートに化粧水を十分に浸し、乾燥の気になる箇所にあてパックします。

　目安は、4〜5分をメドとし、手の甲でお肌に触れて少しヒンヤリするくらいになれば、水分が入り込んだサインとなります。入り込んだ水分を留めるために、乳液で仕上げます。

【血行促進でくすみ知らずの肌へ！】

　肩凝りは血行不良によるもので、顔への影響もとても大きいです。腕を頭の上に持ち上げ、肩甲骨から持ち上げる意識でグッと伸ばし、真上に伸ばした状態で 20 秒、左右に倒し、それぞれ 20 秒ずつ行いましょう。

② 皮脂ケア（皮脂吸着下地）

　テカリによる化粧くずれを防ぐには、お化粧前の化粧下地がカギ。テカリをしっかり防止してくれる皮脂吸着下地を使用してみましょう。

　基礎化粧でお肌を十分に保湿したら、お肌の凹凸を補正し、皮脂と水分の調整ができる下地で整えましょう。さまざまなメーカーから多種多様なブランドがありますが、どれも薄くのばすように心がけてください。毛穴や皮脂浮きを気にするあまり、厚く塗ってしまうと後で重ねるファンデーションのムラやヨレの原因となってしまいます。

　また、混合肌の方には、Ｔゾーン専用の皮脂吸着下地を使用してメイク持ちを保ちましょう。

【上手な下地の使い方】

　適量の部分用ベースを指先に取り、鼻筋と額中心に小さく円を描くように馴染ませます。パウダーファンデーションを薄く均一に取ったら、顔の中心から外側へブラシでくるくる円を描くように塗ります。

　ファンデーションの付いていない綺麗なスポンジで、Ｔゾーンをポンポン優しくたたき込んで、下地とファンデーションの一体感を高めましょう。

・Ｔゾーン専用部分下地

　パウダーファンデーションは、もともと油分が少ないうえに皮脂を吸収しやすく、テカりにくいアイテムですが、厚く塗ると崩れたときに〝悪目立ち〟します。

　皮脂吸着効果のある部分用ベースでＴゾーンを中心に塗った後、パウダーファンデーションをブラシで薄く重ねればメイク崩れを防ぐことができます。

 【洗顔後のホットタオル】

　化粧崩れを防止するにはまず保湿です。効果的に水分、化粧水をお肌に取り込むには、スチーマーを使用したり、ホットタオルを使い毛穴を開かせてから化粧水や乳液を馴染ませましょう。ポイントは、開かせた毛穴は冷水などできちんと閉じることです。

❸ フェイスパウダーの使用

　ベースメイクをさらにキレイに仕上げるために欠かせないフェイスパウダーは、基本的にはベースメイクの仕上げに一層はたくことで、皮脂や汗を吸収してテカリやメイク崩れを防ぎます。油分を含んでおらず、一般的にルースパウダーとプレストパウダーに分類されます。

　前者は、サラサラの粉状で全体にパフや筆でササッとのせるとふんわり柔らかい印象に仕上がりますが、粉が飛びやすく外出先でのお化粧直しには不向きなのが難点。

　後者は、パウダーをプレスして固形状にしたものです。ルースパウダーよりもカバー力が高く、シャープな大人っぽい肌になれます！　また、ニキビやくすみなど気になるポイント使いにもオススメです。固形状で粉が飛びにくいので、外出先でのお化粧直しに大活躍します。

【フェイスパウダーの色選び】

　ファンデーションと同様に、フェイスパウダーも多種類あります。また、質感を重視したマット（パールを含まず陶器肌に）やツヤ（パール入りで光拡散効果）などに特化した物もあるので、各々

の肌質や、なりたい肌感で選びましょう。ナチュラル（しっかりカバー）、クリア（透明感）、ホワイト（高い透明感）、ピンク（血色）、パープル（高い透明感）など色味も様々です。

 【化粧水ミストでお化粧キープ！】

　化粧崩れの最大の敵は水分不足です。スプレー状化粧水を作り、こまめに吹きかけることで水分補給ができ、肌馴染みを良くします。

　アルコール成分の多いものは、蒸発しやすく、逆に水分を奪ってしまう場合もありますので注意しましょう。

コラム2（アンチエイジング）
お肌の曲がり角 どうするの？

　紫外線対策や保湿をしっかり行い、年齢ごとにあわせたアンチエイジングやリフトアップ効果のあるマッサージ等を施して、お肌の内側からも外側からもケアすることで若々しいお肌を保ちましょう。

　お肌の曲がり角とは、今まで使っていた化粧品では肌が潤わなくなったり、シミやシワが目立つようになったりと、お肌の衰えが顕著に現れるようになったときです。コラーゲンやエラスチン、ヒアルロン酸など肌のハリや水分を保持する成分は、20代をピークに年々減少していきます。25～28歳にお肌の曲がり角を感じる方が多いのは、やはり自らがもつ美肌のモトが少なくなるのを肌で実感しているからでしょうか？

　また、お肌の曲がり角は一生のうち一度だけではありません。20代、30代、40代……と、年代ごとにガクッと肌の衰えを感じる方が多いようです。20代と50代では肌のハリも艶も違うのはあたりまえで、誰でも同じように年齢を重ねていきます。お肌の曲がり角は誰にでも訪れてしまうものですが、やはりケアしている方としていない方とでは差が生じていきます。意識すべきなのは、お肌が急激に衰えないようにお肌の曲がり角を緩やかにして若々しいお肌を保ちましょう。

＜紫外線対策の重要性＞

　シミ、シワ、たるみなど肌の老化原因の80%は紫外線ダメージによる光老化だといわれています。お肌の曲がり角ケアには紫外線対策が重要なポイントになってきます。夏だけでなく一年中紫外線は降り注いでいるので、外出するしないに関わらず日焼け止めをつけることをオススメします。また、アウトドアや旅行などで紫外線を多めに浴びた後は、シートマスク等で十分な保湿を心がけましょう。

＜マッサージやストレッチで
　　デトックス＆リフトアップ＞

　首、鎖骨、脇の下などデコルテの周りにはリンパが集中しているので、不要な水分や老廃物が溜まりやすくなっています。マッサージやストレッチで血流を促進しながら、デトックス＆リフトアップをしましょう。

　顔のむくみやたるみは、頭や首、肩のコリをほぐすことで解消でき、リフトアップ効果も期待できます。また、口輪筋を鍛えることで、ほうれい線や二重

頭の予防も期待できます。日々の積み重ねが、5年後10年後の美肌をつくります。

<ヘッドスパやヘッドキュアで小顔に>

　リラクゼーションや頭皮マッサージが主なヘッドスパは、リラクゼーションによる心身の疲労解消がメインなのに対して、ヘッドキュアはマッサージやツボ押しなどの、本格的な頭皮ケアに特化している施術です。双方とも心身のリラクゼーション効果と、マッサージにより健やかな頭皮を蘇らせることで、一枚の皮膚で繋がっている顔のリフトアップや、小顔に効果的なほか、薄毛、抜け毛、白髪、フケなどの頭皮のアンチエイジングにも効果的です。

<リンパマッサージの方法>

　耳下腺からつまむように首をほぐし、手のひらで肩をなでるように左右のリンパを流します。その後4本の指を使い頭の付け根から肩まで、気持ち良いと思うくらいの強めの圧で摩りほぐしましょう。デコルテ部分は、親指で鎖骨周りをほぐし、首から肩にかけてリンパを流しましょう。

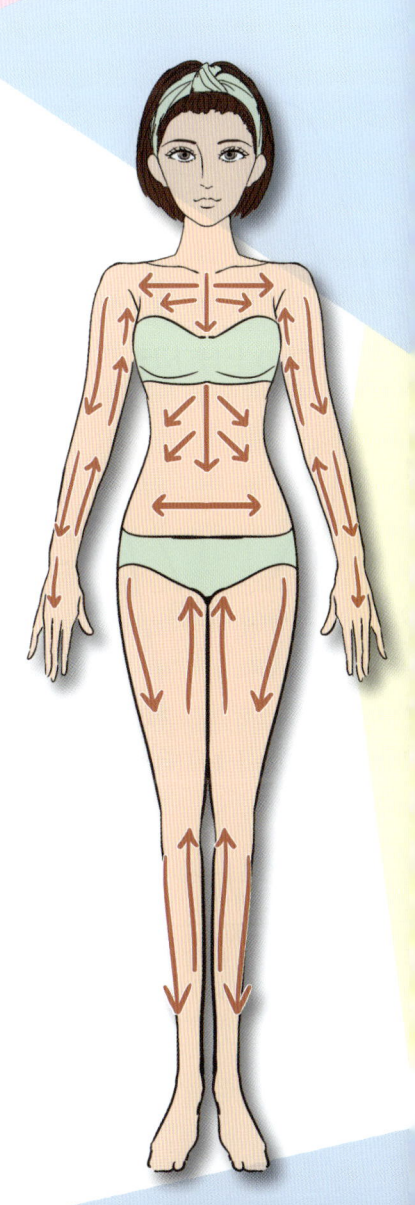

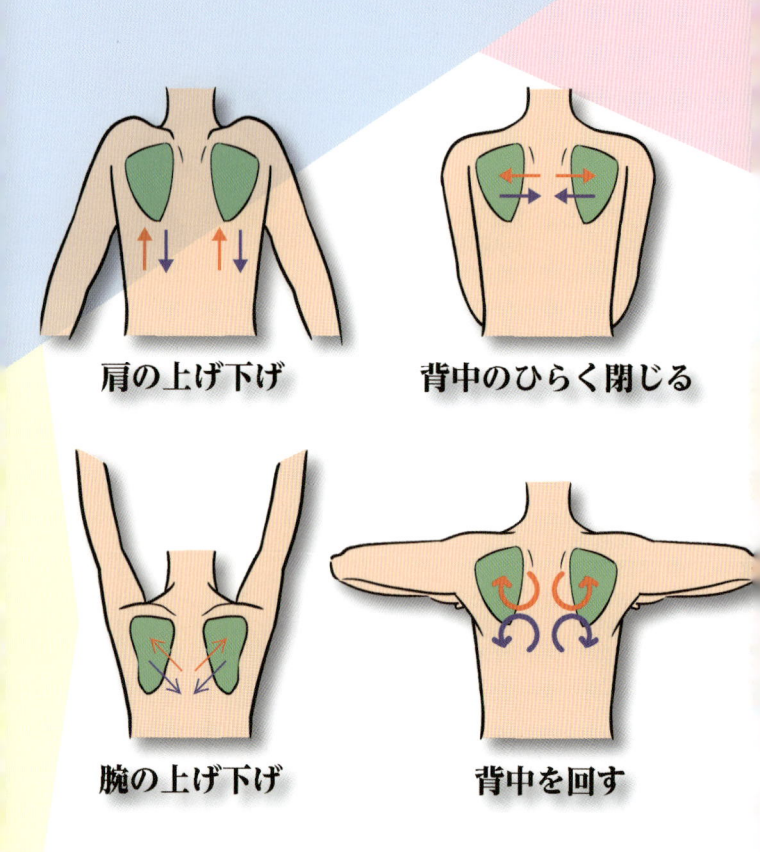

肩の上げ下げ

背中のひらく閉じる

腕の上げ下げ

背中を回す

＜肩甲骨のストレッチ方法＞

　肩こりや首のリンパの詰まりは、美容の大敵です。リンパマッサージとともに肩甲骨や首のストレッチでリフトアップを目指しましょう。肩甲骨を前後に回したり、上下に動かしてみましょう。

　また、腹筋と背筋を鍛えることで血流が促進されコリやタルミの解消にも繋がります。

早わかり

第3章 アイメイク

話のネタ帳

自然に眉を整える

？ 眉毛を上手く整えられない・・・

！ 眉毛の黄金比率を知り、自分らしい眉毛に！

　自分の眉毛を生かしつつ整えるには、眉頭・眉山・眉尻の3点をおさえた黄金比率で整え、余分に伸びた不要な眉毛はハサミでカットしましょう。

ポイントは……

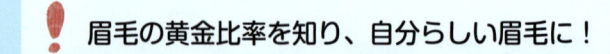

① ブラシで整える

② カミソリで整える

③ ハサミで整える

【眉毛の黄金比？】

　眉頭は目頭の真上、眉山は黒目の端の真上、眉尻は小鼻の端から目尻の延長線上が眉の黄金比といわれています。3点をしっかり意識して処理することで自分らしく自然に整えられます。

❶ ブラシで整える

「カットの仕方がわからない」、「ちぐはぐ眉になってしまう」、「つい切りすぎちゃう」という方は、まずスクリューブラシで自眉毛を整えてから理想の眉毛の型に整えましょう。

その際、すっぴんの状態ではなく、理想の型を作ってから（眉墨で描いてから）整えると失敗を軽減できます。

理想の眉毛を描く際のポイントは、眉毛の黄金比を参考にして、顔型にマッチする眉毛を描くことです。また、眉毛を毛抜きで抜きすぎてしま

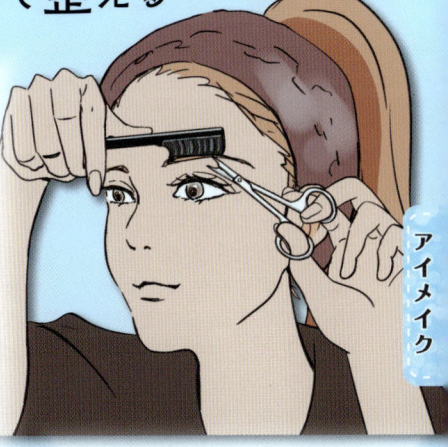

うと、毛穴が開きタルミの原因にもなり得るので、毛抜きの使用は極力避けた方が無難です。

【顔型別の理想眉】

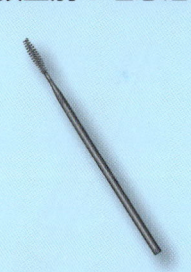

似合う眉毛の型が分からない方は、一般的な眉毛の型を参考にしてみましょう。

丸顔さんは「アーチ眉」。面長顔さんは「短め平行眉」。逆三角形顔さんは「平行眉山アーチ眉」。そして、

ベース顔さんは「長め平行直線眉」がオススメです。

顔全体のバランスを見ながら、左右対称になるように、自眉毛を良く観察し整えてみましょう。

【眉毛が顔の印象を決める？】

眉毛で顔の８割の印象を決めてしまうといわれています。そのため眉毛を綺麗に保つことは、第一印象を良く見せるためにも以外と大切なことです。

② カミソリで整える

　眉毛のお手入れをするとき、剃った方が良いのか、抜いた方が良いのかと、悩んでしまったことはありませんか？毛抜きを使って抜くだけのお手入れでは、肌に負担をかけてしまっている可能性も……。

　眉毛のお手入れでは、抜くお手入れよりも場所によってはカミソリを使って剃った方が良い部分もあります。また、カミソリで剃ることで、失敗しても抜いた場合よりも早く再生できるため、黄金比以外の余分な部分を整えるには、毛抜きよりもカミソリやフェイスシェーバーで処理してみましょう。ただし、目の周りのデリケートな皮膚を傷付けないように気をつけましょう。

【フェイスシェーバーやカミソリの使い方】

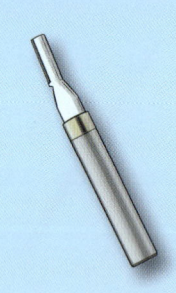

　目の周りの皮膚はとても薄くデリケートな部分なので、カミソリ負けを起こさないようにシェービングクリームや洗顔フォーム、乳液などをつけてからシェービングしましょう。

　腕や脚などを剃るときに使うT字カミソリは絶対に使用しないこと。I字で刃の幅が狭いカミソリがオススメです。

　シェービング後はお肌を保護するクリームや乳液などでお肌を整えることも忘れずに。

【麻呂 ?!】

　眉毛を理想の型に整えようとするあまり、剃りすぎたり、切りすぎたり、抜きすぎてしまうとまるで麻呂のような眉毛になってしまいます。黄金比と自眉毛にあわせてナチュラルに仕上げましょう。

ハサミで整える

　綺麗な眉毛の形をつくるためには眉頭、眉山、眉尻の位置がポイントになります。自分の顔の骨格にあった眉毛の形を把握して、眉毛のお手入れをする際は、常に以下の3つのポイントを意識しておきましょう。

・眉頭の位置 … 小鼻のふくらみの延長線上で目頭よりもやや内側
・眉山 … 黒目の外側から目尻の間にある
・眉尻 … 小鼻と目尻の延長線上にある。また、眉頭と平行な位置にある

　これらのポイントをおさえ理想の型を描いたら、ハサミとコームを使用して、余分な毛や伸びすぎている毛を切りましょう。
　※切ったり剃ったりNGな部分は、黄金比の部分です。とくに眉頭を自眉毛の型と変えてしまうと不自然になるので気をつけましょう。

【上手なハサミの使い方】

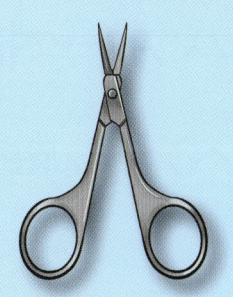

　眉毛を整える際の黄金比と注意点は前述しましたが、理想の型を描いてもハサミ使いがうまくいかないと、まだらな濃淡の眉毛になってしまいます。
　ハサミ使いのポイントは、コームを眉毛に押しあてたときに、はみだした毛だけカットすることです。カットし過ぎてしまうと毛の長さが不揃いでまだらになってしまうため、顔全体のバランスを見ながらカットしましょう。

【びっくらこき麻呂?!】

　ハサミとコームで整える際に、コームからはみ出した毛をカットしますが、眉尻を短くし過ぎてしまわぬ様に注意しましょう。また、眉頭の毛が濃すぎると麻呂感が強くなるので全体のバランスを見ながら整えましょう。

自然な眉の描き方

❓ 眉の色が浮いてしまう・・・

❗ 眉の色が浮かないために、アイブロウのカラーは慎重に選びましょう！

　顔の印象を大きく左右する眉毛の形は、時代背景によって眉の形や長さ、太さは変わっていきます。最近では、太くて一文字のナチュラルで柔らかい印象の眉の形がトレンドです。自分の眉の形にそった眉を描きましょう。

ポイントは……

① ブラシで整える

② パウダーで描く

③ ペンシル（眉墨）で描く

【左右の眉頭の高さを揃える！】

　眉カットや眉メイクをするとき、左右の眉頭の高さが異なるようにカットやメイクをしてしまっている方も多いようです。実は、左右の眉頭の高さが異なると、それだけで眉の高さが左右異なって見えてしまうので注意が必要です。

① ブラシで整える

数年前なら、小鼻と目尻を結んだ延長線上が眉尻の位置といわれていましたが、ここ最近では、口角と目尻の延長線上に設定した眉尻が流行の兆しです。

太さも自分の黒目の3分の2が理想的。また、眉と目は同時に動くので、眉尻の角度は目尻の角度に揃えると自然な印象に仕上がります。

この3つをベースに、なりたいイメージにあわせて長く、短く、太く、細く、なだらかに、鋭角になど、自分なりのアレンジを楽しみましょう。

まずは、スクリューブラ

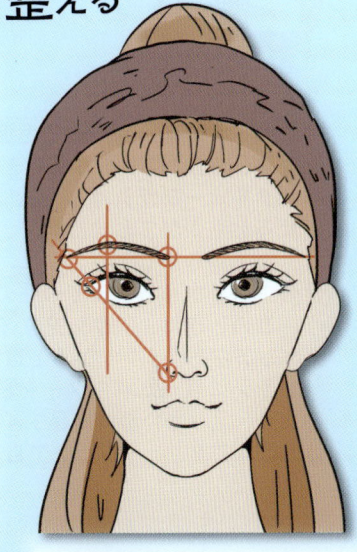

アイメイク

シで自眉毛を毛流れに沿って整えてみましょう。

【美眉を作るためのアイテム】

眉メイクが上手に描けないと悩んでいる方の多くは、一つのアイテムで完成させているからです。眉メイクには、毛流れをつくるスクリューブラシと、毛の足りない所を描き足

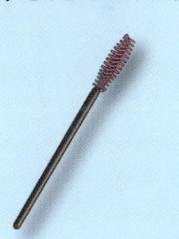

すペンシル（眉墨）、眉色を変えるマスカラ、眉フレームを作るパウダー、無駄な産毛を剃るシェイバーや毛抜きなどが必要になります。

 【顔の筋肉の発達】

顔の筋肉が左右でちがうと、眉も非対称になってしまいます。たとえば、前髪が片目にかかり見やすいほうの目ばかり使っていると、筋肉が片側だけ発達して眉の高さにも違いがでてきます。目にかからない髪型を意識したり、分け目を定期的に変えるなどで、左右対称になるように心がけましょう。

② パウダーで描く

　①のスクリューブラシで毛流れを整えたら、眉パウダーを使用して眉のフレームを描きましょう。
　スクリューブラシは、一気に眉の形に沿ってブラシを滑らせると毛が寝てしまうので、1本1本とかすように下から上にとかしましょう。次に、眉パウダーを使用して、黒目の上辺りから眉尻までの毛のない部分を描き足しましょう。このときに、ブラシを立てて眉山から眉尻を繋げるように、アウトラインをとると自然に仕上がります。
　ブラシに残ったパウダーを左右に動かし、眉毛全体に馴染ませ、足りない部分を足すイメージで形を整えましょう。仕上げはスクリューブラシで自眉毛に馴染ませて！

【パウダーでの描き方】

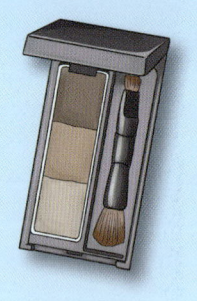

　優しくふんわりとした眉毛を描く際には、ペンシルよりもパウダーの方がお薦めです。
　ただし、パウダーは、ぼかしすぎると極太すぎる眉毛になってしまったり、「描きました」といわんばかりの眉毛の形になってしまうこともあるので、少量ずつパウダーをとり顔全体を見ながら微調整して描くことをオススメします。

【噛み癖に注意！】

　片方の奥歯ばかりで咬合している方も要注意です。噛み癖の積み重ねにより、どんどん顔に左右差が生まれてしまいます。食事のときは、両方の歯でしっかりと咬合するように意識することが大切です。

 # ペンシル(眉墨)で描く

②のパウダーで描いた後で、毛が足りない部分を描きたす際にもペンシルを使います。

毛を一本一本埋め込むようなイメージで描き足しましょう。また、ペンシルのみで描くとスッキリ〝凛とした〟印象になります。

①②同様に、スクリューブラシで毛流れを整えたら、眉山から眉尻に向かいペンシルを内から外へ軽やかに動かします。眉頭から1cmほど避けたところから眉山までを、薄く塗りつぶすように少しずつ埋めていきましょう(一気に描かず、短い線を重ねていくイメージで)。眉頭は薄く、眉から鼻筋に向けて描きたし、仕上げはスクリューブラシでぼかしながら自眉毛に馴染ませましょう。

アイメイク

【眉ペンシルの色選び】

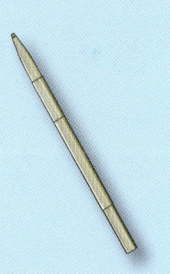

眉メイクアイテムの色を選ぶときに参考にしたいのが〝髪の色〟です。

眉は髪色よりも濃く描いてしまうと、必要以上に主張し、顔全体のバランスが悪く見えてしまいます。

逆に、髪色よりかなり明るい色で描くと、不健康な印象に見えてしまうことも・・・。

そこで、髪色よりもワントーン明るい色味を選び、自眉毛と色味を馴染ませることがポイントです。

 【テスターを使う?】

アイブロウペンシルやアイブロウパウダーを選ぶときは、色味だけ見るのではなく、是非テスターを使用してみてください。見ている色や質感や、肌馴染みなどが、実際肌にのせたときと異なることがあります。

落ちないアイブロウ

？ アイブロウが落ちてしまう・・・

！ 汗や皮脂はティッシュや綿棒・パウダーで防止し、こすらないように心がけましょう！

　アイブロウが落ちてしまうのは、下地を整えないまま眉を描いていたり、落ちやすいパウダーのみを使ったりすることが原因です。知らない間にこすってしまうことも考えられますので、適切な対策をしましょう。

ポイントは……

1 汗や皮脂の防止

2 密着させる

3 こすらない

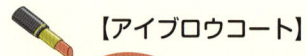

【アイブロウコート】

　アイブロウを描いたあとに、上から重ねコーティングをし、皮脂にも摩擦にも負けない綺麗な眉を作ることができます。塗りすぎはテカってしまう原因になるので、テクスチャーがサラサラなものを選び、一度でサッと決めましょう。

❶ 汗や皮脂の防止

綺麗に眉メイクをしても、時間の経過で描いた部分が消えてしまったり、皮脂によって浮いてしまったことはありませんか？

それはベースメイクの際に、余分な油分や水分がついたまま眉メイクをしているからです。その上から描いても密着度は弱く、時間が経たずともすぐに消えたり、浮いてしまう要因になります。

顔全体に、化粧下地 → ファンデーションを塗った後、フェイスパウダーのついたスポンジで軽く眉をおさえる一手間で、眉の余分な油分や水分をオフすることができ、消えにくい眉毛に仕上げることができます。

アイメイク

【フェイスパウダー以外には？】

落ちにくいシリーズの中にも、ウォータープルーフやリキッドアイブロー、コーティング剤など、さまざまなものがあります。絶対に消えて欲しくないときや、夏のレジャーシーンのお助けアイテムとして眉ティントを使う方法もあります。

お肌に色素が定着してくれるので、濡れても消えない眉毛を死守することができます。

【ペンシルの固さは？】

柔らかいペンシルタイプには、油分が多く含まれていることが多く、するすると滑らかな書き心地が初心者にも人気な反面、皮脂に弱いという弱点があります。ペンシルは固めを選ぶことで消えにくくなります。

❷ 密着させる（リキッドアイブロウ）

　ナチュラルに消えない眉毛を作りたい方にオススメなのが、リキッドタイプのアイブロウです。リキッドタイプは色持ちも良く落ちにくく、筆タイプだと繊細に描くこともできるので、パウダーとの併用もオススメです。

　アイブロウパウダーのみで描くと、どうしても摩擦によって落ちやすくなってしまいますが、とくに落ちやすい眉尻をリキッドで描きたしておくことで消えにくい眉毛が完成します。

　ポイントは毛流れを意識して、眉毛を1本ずつ描きたしていくようなイメージで自然な立体感を演出しましょう。

【リキッドアイブロウがオススメな人】

・自眉毛が薄く少ない方

　もともと眉毛が薄く少ない方は、リキッドアイブロウを使って1本1本眉毛を描きたすことで、まるでもとからの眉毛のように見えます。

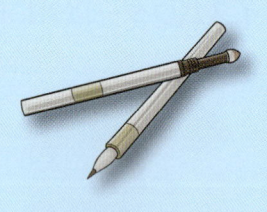

・凛とスッキリした眉毛にしたい方

　パウダーのふんわりした仕上がりより、きりっとクールなテイストのアイブロウに仕上げたい方や、顔立ちをはっきりさせたい方には、リキッドアイブロウがオススメです。

【前髪をさわる癖】

　目にかかる前髪や斜め前髪の方は、前髪を指で直す癖がある人が少なくありません。前髪を直すときに、指が額や眉に触れているのに気付かず、眉を擦り取ってしまうことがあります。前髪を直す時は、眉に触れないように注意しましょう。

③ こすらない

眉が消える原因として考えられるのが、皮脂によるベースメイクの崩れやアイテムの油分配合率、または無意識な摩擦によりこすれて消えてしまうことです。

眉は、意外にもTゾーンに近いことから、過剰皮脂を取り除いたり、基礎化粧の段階で油分をコントロールすることも大切です。

また、無意識に髪の毛でこすれて、消えてしまうなんてこともあります。この場合は、髪が眉毛に極力かからないような髪型を意識したり、なるべく顔をこすらないように意識すると眉消えを防ぐことができます。

【髪の毛で眉毛が消滅！】

額やTゾーンは皮脂分泌が盛んなため、日常生活を送る上でもメイクが崩れやすいので、過剰な皮脂をださないように保湿を徹底して、皮脂コントロールをすることは必須ですが。

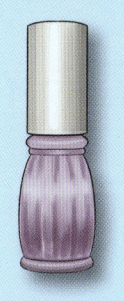

無意識のうちに髪の毛が擦れて落ちてしまうので、なるべく額に髪が掛からないようなヘアースタイルにすると眉消え対策にも皮脂対策にも効果的です。

 【ベースメイクがカギ！】

ベースメイクが完了した時点で、眉周辺の肌を触ってみてください。もしも、ベタッとしている状態なら、一度ティッシュオフかパウダーを馴染ませてから描くと余分な油分を抑えられて眉メイクが長持ちします。

一手間で「ちゃんと眉」秘密道具

？ 眉マスカラの使い方は？

！ アイブロウパウダーのあと毛流れに従って塗ります。ベタ塗りに注意！

　髪の色が明るい人は、明るい眉をパウダーやペンシルで描いたままにすると黒い地眉が浮いてしまいます。眉マスカラを使って自然な眉にしましょう。

ポイントは……

① 眉マスカラ

② 眉ティント

③ アイブロウコート

【眉プレート】

　地眉が少なく、眉を描きづらいという人は、眉プレートを使うと便利です。描きたい眉の形にあったプレートを選び、眉にあてて描くことで左右非対称の眉を防ぐことができます。

① 眉マスカラ

色の種類が豊富な眉マスカラは、明るさや黄味・赤味のバランスを髪の色と比較して選びましょう。髪よりも1トーン明るい色を選ぶと自然な眉に見えます。

眉マスカラをつけ過ぎて眉がガビガビになっていると不自然なので、いきなり眉にのせるのではなく、ボトルのへりでブラシを軽くしごいて不要な液体を落としたり、ブラシについている液体を軽くティッシュオフして使用するとつけ過ぎを防ぐことができます。

また、眉マスカラをつけた後は毛並みに沿ってコームでとか

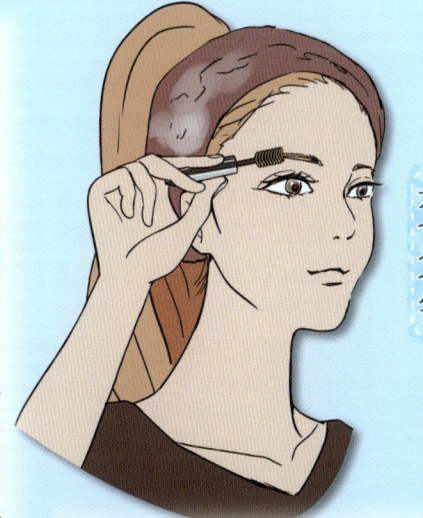

アイメイク

し、自眉毛と馴染ませましょう。

【眉マスカラの選び方】

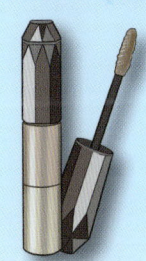

眉マスカラを使用して黒々とした眉色を強調させると、あか抜けた表情に仕上がりますが、眉を明るくし過ぎるのはNGです。

明るすぎると老けて見えたり、不健康に見えたりすることも・・・。

眉マスカラで仕上げるときは、眉が髪色より1トーン明るく仕上がるようにするのがポイントです。髪とのバランスを見ながら色味を選びましょう。

【眉マスカラの色選びは？】

眉マスカラの色味の選び方は前述しましたが、黒髪さんは黒の眉墨ではなく、気持ち明るめのグレーやブラウン系ならダークブラウンがオススメです。ふわっと軽い印象になり黒髪にもしっくり馴染みます。

② 眉ティント

　眉ティントとは、眉ティントを眉毛に塗る → 少し時間を置く → はがす　だけで、自然な眉色を数日間キープしてくれる、韓国発のコスメのことです。汗や水に強いので、クレンジングや洗顔をしても落ちないのが特徴です。

　また、アートメイクと違って数日たてば落ちるので、形を変えたいときや色を変えたいときもすぐに変えることができる優れものです。肌のターンオーバーにより、3〜7日で色が落ちます。眉を描く時間のないときの時短メイクや、夏の海やプールなどのレジャーにもオススメです。

【眉ティントの利点と欠点】

利点
・汗や皮脂にも落ちにくい。
・メイク時間の短縮。
・お肌のターンオーバーとともに落ちる利便性。
・夏のレジャーや温泉などの水場で活躍する。

欠点
・角質を染め色素を定着させる。
・塗ってから剥がすときに、自眉毛まで抜けてしまう。
・染める際に左右のバランスや形がうまくいかなくてもそのまま過ごさなければならない。

【眉毛育毛剤】

　眉毛用の育毛剤があることを知っていますか？眉毛も髪の毛と同じように、毛穴にある毛母細胞が細胞分裂することで発毛しています。眉毛育毛剤を使えば、毛母細胞の働きやヘアサイクルを整えることで眉毛を生やすことができます。

③ アイブロウコート

アイブロウコートとは、眉メイクの仕上げにさっとひと塗りすることで、一日中きれいな眉をキープしてくれるアイテムです。

アイブロウコートの選び方は、速乾性がありテカらず自然な仕上がりになるテクスチャーのものを選びましょう。

また、眉毛や毛根、地肌へも優しい植物性の保湿成分が入ったものや、ヒアルロン酸が配合されているもの、ケア成分にもこだわったものなどさまざまありますので、お肌のタイプにあうものを選ぶようにしましょう。

【落ちにくいコートと落ちなさすぎるコート】

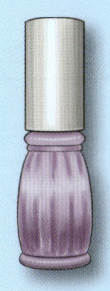

コートで眉を落ちにくくしたのに、逆にコートが落ちなさすぎて困ることのないようにしましょう。

眉の毛穴に汚れを残すと、眉ニキビのもとになってしまう可能性があります。

かといって、毎日強いクレンジングを続けると、毛根に負担をかけてしまい、眉毛が薄くなってしまう原因にも・・・。いつものクレンジングで簡単にオフできるものを選ぶようにしましょう。

【アイブロウコートのコツは？】

毛の流れにそってサッと塗り、重ね塗りや厚塗りをしないこと。アイブロウコートを刷毛にとる量が多すぎると、眉がテカって不自然な仕上がりになってしまうので、塗り過ぎに注意しましょう。また、乾く前に触ってしまうとヨレるので、しっかり乾かすことも大切です。

アイライナー選びで理想の目

？ アイラインがうまく引けない・・・

❗ 目の形にあわせ、引きたいラインに沿って描きましょう！

　リキッドやペンシル、ジェルなどのアイライナーのタイプや引きたいラインによって難易度は変わります。引きたいライン別にアイライナーのタイプを変えましょう。

ポイントは……

❶ 自然なライン

❷ 細いライン

❸ 太いライン

【一重さんにオススメ！】

　一重さんは、まぶたに厚みがあるので、アイラインは太めに描くことがポイントです。ブラウンの優しい色味のペンシルタイプでラインをしっかり描き、目を開いたときにラインが見える程度まで太めに描きましょう。

① 自然なライン

まつげの隙間をうめる程度の自然なラインには、ペンシルタイプかジェルアイライナーがオススメです。

慣れてない方や初心者の方には、ペンシルタイプを使いまつげの隙間と隙間を埋めていくように繋げて描くことで、失敗のない自然なラインを入れることができます。

また、瞼全体に入れてしまうと、キツい目もとの印象になりがちなので、初心者の方は、黒目の中央辺りから目尻にだけアイラインを入れると、もともとの目の形にあった自然な印象にすることができます。

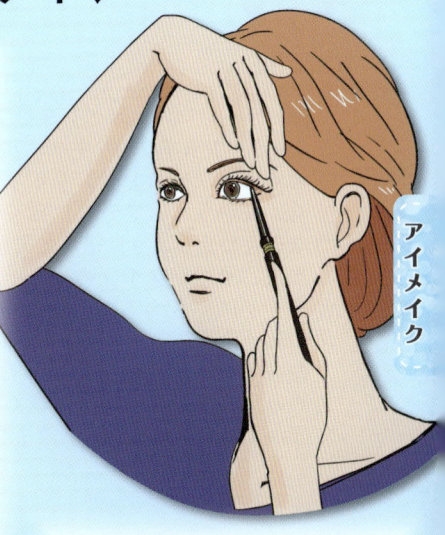

アイメイク

【初心者さんでも綺麗に引けるコツは？】

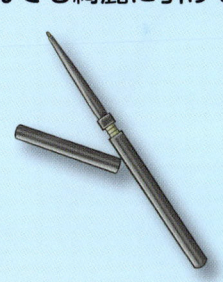

目頭から目尻まで一気にアイラインを引くと、手が震えてしまったり、太さの調節がうまくいかず失敗のもとになります。

目尻を軽くひっぱり、目尻から黒目の中心辺りまで引き、その後に目頭から黒目の中央に向かって線を繋いでいきましょう。

目尻の先は最後に描きたすことで左右のバランスがとれやすくなります。

【奥二重さんにオススメ！】

奥二重さんは、目頭から中央までは二重の幅が狭く、中央から目尻へ向かって幅が広がっています。二重の幅を活かしたいので、目頭から中央までは幅を潰さないように隙間を埋める程度にごく細めにラインを引き、中央から目尻にかけて二重の幅に沿ってだんだん太くすると、目もとが強調されてはっきりとした印象になります。

② 細いライン

細いラインには、筆ペンタイプのリキッドアイライナーかフェルトペンタイプのリキッドアイライナーがオススメです。

とくに、フェルトペンタイプは肌から滑りにくく描きやすく、長いラインを一息に描くのではなく、短いラインをつなぎ合わせるように描くと失敗を防ぐことができます。

また、筆ペンタイプのリキッドアイライナーは、ペンシルタイプにくらべてにじみにくくパンダ目も防げます。目尻の細いラインを描く際にも適しています。

ただし、一度描いてしまったラインを修正するときは、むやみにこすらず、完全に乾く前に同系色のアイシャドウでぼかすとアイラインに馴染ませることができます。

【一重、奥二重さんむけ細めライン】

一重や奥二重の方は、アイラインをクッキリ入れてしまうと、目が小さく見えたり腫れぼったい印象になりがちです。

そんなときは、目尻のみにちょこっと引くのがオススメです。

筆ペンタイプのリキッドアイライナーなら、細いラインから太いラインまで描けるので眼球の色味にあわせた色のアイラインを使ったり、カラーのアイラインで遊び心をもたせるのもオススメです。

【二重さんにオススメ！】

二重さんは、目もとがはっきりしているので、濃いラインを引くと強調されてしまい、きつい印象に見えたり、主流のナチュラルメイクから遠ざかった印象になりがちです。奥二重さんと同様に二重の幅を活かしつつ、ラインが強調されすぎないように、ブラウンのアイライナーを使うのがオススメです。

❸ 太いライン

　太いアイラインを引く場合は、ペンシルアイライナーかパウダーアイライナーがオススメです。

　ペンシルには〝えんぴつタイプ〟と〝繰りだしタイプ〟がありますが、削る手間がかかるため、繰りだしタイプがいいでしょう。どれも色が粉状につくのでブレが目立ちにくく、ぼかすのも簡単です。

　ポイントは、瞼にあわせたアイラインの引き方です。太いラインや黒色のアイライナーは、目もとをかなり強調したいときにオススメですが、普段使いの際は、こげ茶や目の色に近い色味で描くことで、太いラインも自然に馴染みやすくなります。

【初心者さんむけオススメ色】

　アイライン初心者さんであれば、最初は黒やブラウンから使って描き方に慣れましょう。色が肌に馴染みやすいため、少しラインがガタガタしても目立ちにくいです。慣れてきたら他の色にもチャレンジしていくと、各々の

色の効果と自分との相性も分かってきます。

　また、ブラックのアイラインは、太くハッキリと引くとキリッとしたモードな印象にもなりますが、囲み目にすると目が小さく見えることもあるので注意しましょう。

 【点と点が線となる囲み目の眼差し】

　目もとを強調する囲み目アイラインは、上瞼と下瞼をぐるっと囲むように描きます。下瞼にアイラインを入れることで、白目の存在感が引き立ちます。上瞼も下瞼も同様に、点と点を線で結ぶように描くのがポイントです。

アイラインで〝大きな目〟に！

？ アイラインを引いたら目が小さくなった・・・
目を大きく見せる引き方は？

！ 黒のアイラインで囲むことはせず、広がりをつくりましょう！

　引き締め効果のある黒いアイラインで目を囲むと、目が小さく見えてしまいます。目を大きく見せたいなら、下まぶたのラインは控えめにし、ブラウンのシャドウなどで軽くぼかしましょう。柔らかい印象になり、広がりを感じられ、目を大きく見せることができます。

ポイントは……

1 黒目を大きく

2 抜け感をつくる

3 幅を出す

【目頭切開ライン？!】

　目のコンプレックスで、美容整形で目頭切開をされる方もおりますが・・・なるべく（親から貰った体に）傷は付けないように、「それ風に！」目頭部分キワに切り込み風のラインを描き、目幅を大きく見せましょう。

① 黒目を大きく

目を大きく見せるポイントは、白目を綺麗に見せること！

上のラインは、まつげの間をうめる程度に極細に入れ、白目にまつげが被ったり、アイシャドウは目より目立たせないようにして、まつげの1本1本が綺麗に見えるようにします。

下のラインは、黒目部分の真下にのみラインを入れることで黒目・白目の両方を大きく見せることができます。もう少し目を強調させたいときは、目頭や目尻を数mmはみだして描くと大きい目にすることができます。

アイメイク

【綺麗に見せるアイライン】

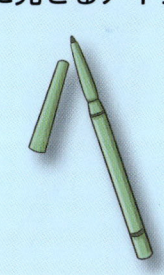

・目を開いたときに、二重線が見えない人

二重の幅から少しだナラインをだして描き、アイラインを描いてから、ダークブラウンなど濃い色のアイシャドウで、アイラインの上に少し太めにぼかして入れましょう。

・目を開いたときに、二重線が見える人

ラインはまつ毛とまつ毛の間をうめるだけにしましょう。

アイラインは細目にして、まつげを強調しましょう。

【アイライン 〝色の秘密！〟】

すっぴん風なのに、ちゃんと目もとを引き締めて、自然な目力を瞳に宿してくれる・・・そんな魔法のようなアイラインは「色」に秘密があります。グレイッシュブラウンカラーは、目のキワに影のようになじんで、ナチュラルなデカ目に見せてくれます。

113

② 抜け感をつくる
（他のメイクは控えめに）

メイクの〝たし算・引き算〟を考えて、バランスの良いメイクをしましょう。

目以外のポイントメイクに力を入れすぎてしまうと、目の印象が薄れてしまいます。チークやリップ、眉のメイクは薄めに抑えてみましょう。アイラインを引いた目が強調され、大きな目の印象が強くなります。また、その逆も・・・。

リップメイクを際立たせたい場合は、アイメイクをおとなしく仕上げると、口もとに視線が集まります。

このように、際立たせたいパーツにあわせて一部分しっかりメイクしたら、他の部分には抜け感をだすように、〝たし算・引き算のメイク〟を楽しみましょう。

【アイシャドウ使いで抜け感をだす】

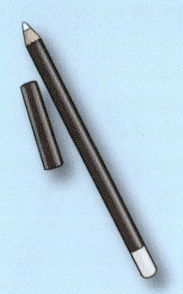

目もとを囲むならアイライナーではなく、アイシャドウでやわらか〜く囲みましょう。下まぶた全体に肌馴染みのいい中間色を、黒目〜目尻に締め色としてのせると、目もとがぼんやりしすぎません。

アイシャドウの締め色は、まつげのキワにさらっとのせる感じにします。塗りすぎるとクマに見えてしまうこともあるので、あくまでも薄くのせることがポイントです。

 【コンシーラーで陰影を！】

目もとのクマやくすみが気になるからと、目の下ギリギリまでコンシーラーを塗っていませんか？ 下まぶたを完全にカバーしてしまうと、目が小さく見えたりのっぺり顔に見えたりしてしまうので、目の下ギリギリまでは塗らずに自然な陰影をつけましょう。

❸ 幅を出す

アイシャドウやアイラインでグラデーションをつけて、目の幅を広げデカ目に仕上げましょう。

まぶたの目頭側から目尻側にむかって、縦方向にグラデーションを作ると、錯覚効果で目の横幅が広く見えます。切れ長な目もとを演出でき、大人っぽい印象になります。また、アイラインから眉にむかって縦にグラデーションを作ると、目の上下の幅が広く見え、目を丸く見せることができます。

グラデーションのつけ方が難しい方は、「見たまま塗れる」のキャッチコピーのアイシャドウがオススメです。パレットで見たまま、まぶたに塗ることで、上手にグラデーションがつけられます。

【ジワジワと人気復活、〝囲み目〟メイク】

ジワジワと人気が復活している〝囲み目〟メイクですが、黒で囲むのはやりすぎ感がでてしまうので要注意！

ソフトな印象の茶系やバーガンディの色味で、ふんわりとした柔

らかい囲み目メイクにも挑戦してみましょう。デカ目に見せるコツは、下まぶたのアイシャドウを目尻部分を広めに入れ、中央部分は狭めに入れることで目幅が広く見えます。

 【ソフトな囲み目でデカ目に！】

ゴールド系や茶系のアイシャドウをアイホール全体に馴染ませ、濃いめの色味のシャドウをまぶたのキワ半分位まで入れましょう。下まぶたにもシャドウを薄く馴染ませたあとに、同系色のアイライナーで上まぶたのキワを締めたら完成です。

気になる目の左右差

？ 二重の左右差が気になる・・・

！ アイラインや、アイシャドウを使いシンメトリー（左右対称）な顔に近付けましょう！

　左右差のある二重はかなり多く、悩んでいる人も多いようです。左右とも同じメイクだと差が際立ってしまいますが、調整の手間を加えることで見違えるようにきれいにそろいます。

ポイントは……

1 美人の条件

2 アシンメトリーの原因と対策

3 アイラインやシャドウでシンメトリーに！

【生物学的所見？】

　免疫力が優れていて、遺伝子が損傷していない個体は、外観がシンメトリーになるそうです。実は、生物学的に優れている人を美しいと感じるようになっているそうです。
　そのためか、人は美しいものや人に憧れを抱く傾向があるのかもしれません。

❶ 美人の条件

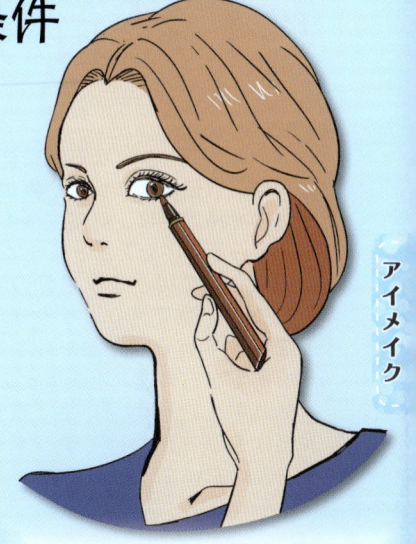

一般的に美人顔に見える条件として、パーツの黄金比率など諸説ありますが、その中でも顔が「左右対称である」ことが美人度を上げ、「美しさの象徴」ともいわれています。

しかし、顔が左右対象な方はほとんど居ないといわれており、その原因は日常生活においての癖や、骨格のゆがみ、肩や首のコリ等さまざまな要因が関与しています。まずは、根本的な部分から対策をすることで美人に近付きましょう。

そして、左右対称に近付けるメイクをアイラインやアイ

アイメイク

シャドウを使い、左右バランスが良くなるように仕上げましょう。

【シンメトリーの美しさ】

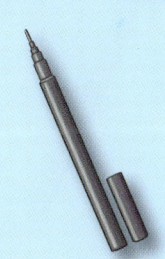

左右対称は、対称軸とよばれる直線を軸として、図形を反転させて構成されます。古代エジプト、ギリシャ、ローマでも左右対称を美の構図とし、教会・宮殿等の建築物から、絵画や彫刻等、さまざまな作品に取り入れられてきました。

シンメトリーの中でも最も取り入れやすい手法で、バランスのとれた美しさの構図になります。

【顔のゆがみがでやすいところは？】

ゆがみが起こりやすいフェイスラインは、シャドウを使って左右差をカバーします。鼻筋を中心として、顔の幅が広くなっている方の輪郭にシャドウを入れましょう。また、頬骨の高さに左右差がある場合は、ハイライトを使って一番高く見える部分を揃えるようにします。

② アシンメトリー（左右非対称）の原因と対策

　アシンメトリー（左右非対称）になる要因として考えられるのは、前述の他に姿勢や寝相も関与しています。生まれながらの骨格以外に、日常生活の中でも日頃の何気ない癖を見直してみると、シンメトリーに近付けることができます。

　対策としては、まず自分の顔のゆがんでいる部分を知りましょう。鏡で見るよりも分かりやすい方法は、スマホなどを使って自分の正面から写真を撮って、撮った写真に定規をあて左右の違いをチェックしてみましょう。

　見るポイントは、眉、目、頬骨、口角は同じ高さにあるか、鼻筋から顎先にかけてまっすぐかどうか、顔の輪郭の幅に左右差がないか、などです。

【顔のゆがみをつくる行動例】

・頬杖をつく癖がある
・いつも同じ側に脚を組む
・食事の時にどちらか片方ばかりで噛む
・横向き寝、うつ伏せ寝をしている
・姿勢が悪い
・カバンをいつも同じ方で持つ

・立つ時に片方の足にばかり重心を置く etc.

　日頃の癖で、小さな負荷が積み重なり、左右のバランスが崩れてしまうので、意識的に左右のバランスを整えるように努めましょう。

【噛み癖、咬み合わせ！】

　噛み癖や咬み合わせも顔をゆがませる原因です。人には利き腕、利き足があるように、顎にも「利き顎」があります。無意識に自分の楽な方で噛みがちなので、左右バランス良く咬み、虫歯や咬み合わせなど、口内環境を整えることも大切です。

③ アイラインやシャドウで シンメトリーに！

手っ取り早くシンメトリーな美人顔を手に入れるには、メイクで左右差をカバーする方法があります。

アイメイクで、左右の目の開き具合や大きさが違う場合は、アイシャドウとアイラインで調整しましょう。

まずは、左右とも同じようにラインを引きます。鏡でチェックしながら大きい方の目にあわせて、ラインを重ね微調整していきます。小さく見える方の目には、締め色のアイシャドウの幅を広めに、濃い目に塗り、目の横幅や高さが違う場合には、アイラインの高さや長さでカバーしましょう。

アイラインの色は、目の色に近いものを使うとさりげなく整えることができます。

アイメイク

【シャドウ・マスカラで調整】

ラインと同じ系統の色味のシャドウでていねいにぼかすと、片目だけ目立つことなくシンメトリーな目にぐっと近付きます。

マスカラは、二重幅が広い目の中央に多めにつけてみましょう。

また、アイラインをしっかり引きすぎると、かえってアシンメトリーさを強調してしまうこともありますので、上手にぼかし何気ないシンメトリー感を演出しましょう。

【人相学から読み解く目の左右差】

人相学では左目を太陽（陽）、右目を月（陰）と定義づけていて、左右で大きさや形の異なっている目を「雌雄眼（しゆうがん）」というそうです。この雌雄眼を持つ方は、人相学では才知に富む傾向があるとされ、女性の場合は才色兼備で〝モテ顔〟が多く、男性の場合は野心家の傾向が強いとされています。

カラーラインに挑戦！

❓ カラーライン、初心者向けの色は？

❗ 落ち着いた色や肌なじみのいい色から挑戦しましょう！

　普段のメイクにはなかなか取り入れづらいカラーアイライナーですが、落ち着いた色や肌なじみのいい色は初心者にも使いやすいです。目尻や上まぶたにさりげなく入れて TPO にあわせたアイメイクを楽しみましょう！

ポイントは……

① 落ち着いた色

② 明るい色

③ 個性的な色

【2019 年流行カラーは？】

　ファッションカラーに関する研究団体などの各国の代表が集まり、テイストや流れを検討し選定した色のことをインターカラーといい、国内外のファッション市場で流行色や方向性が決まっていきます。流行色が毎年違う理由の一つに着色料が枯渇しないようにという配慮もあるようです。

① 落ち着いた色

ネイビーやボルドーなどの落ち着いた色は、黒よりもナチュラル感がでて目もとが締まって知的な印象に見えます。

また、黒はキツい印象にもなりがちですが、これらの色味は、普段のアイラインと同じように使っても悪目立ちせずに楽しめます。

トレンドのバーガンディも嫌みなく馴染むので、とくにイエベさんにオススメです。

寒色系のネイビーやグレーなどの色味は、ブルベさんのお肌と馴染みやすく、こなれ感もあるので、いつもとは違う〝洗練された目もと〟をつくることができます。

アイメイク

【カラーアイライナーの使い方】

落ち着いた色味のアイライナーは、通常に使用しているアイライナーと同様に引いても違和感なく馴染んでくれます。

ただし、アイライナーと同系色のアイシャドウでグラデー

ションをつけた方が、アイラインだけ浮くことがなく、馴染みやすいです。黒よりも柔らかい印象になりやすいので、下まぶたも点と点を結ぶように繋げてラインを引くこともオススメです。

【2019アイメイクトレンドカラー】

2019年春の新作コスメは、ピンクやブルーなどの鮮やかなパステルカラーのアイテムが目立ちます。それらの新作を使ったメイクアップ例として目を引いたのが、目の下のインサイドラインにカラーアイライナーを使うことです。

② 明るい色

　遊び心のある明るい色味のアイラインで、POP にも CUTE にも、また COOL や SEXY にも仕上げてみましょう。
　真夏に映えそうな爽やかなブルーやグリーンは、涼しげな印象ですが、意外にも肌馴染みが良いので、補色のアイシャドウとあわせると可愛らしく仕上がります。
　オレンジやピンクなどの暖色系は、同系色のアイシャドウとあわせ、単一な色味を強調すると今っぽく仕上げられます。
　ただし、明るい色は全体に入れると目立ってしまうので、目尻にのみポイントで入れるのがオススメです。
　明るい色味のアイライナーは、それだけで存在感があるので、口もとはヌーディに仕上げるなど・・・色同士が喧嘩しないようにバランスを見ながら描きましょう。

【カラーアイライナーで顔面絵画？】

　最近ではベーシックな色味の他に、色鉛筆の如くさまざまな色味のアイライナーが増えました。それはまるで、顔面をキャンバスに見立てて絵を描くかのように、アイメイクを楽しむことができます。

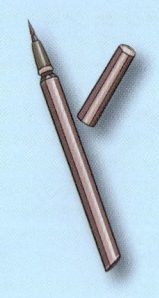

　そこで・・・通常に一つの線で描くアイラインを、2 色使いの Wアイライナーにしてみましょう。
　フェスやライブなどのイベントの際などに周りの子と差をつけたいときにオススメです。

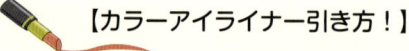

【カラーアイライナー引き方！】

　カラーアイライナーはどのように使えば良いのでしょうか？　基本的には、いつもブラックやブラウンで引いているアイライナーと同じ引き方で大丈夫ですが、いきなり全体にカラーのラインを引くのに抵抗がある方は、下まぶたや目尻などのポイントから試してみることをオススメします。

❸ 個性的な色

・イエベさんとカーキ

　カーキやイエローは、一見、個性的であわせづらいようですが、意外と肌馴染みの良い色です。ブラウンやゴールドのシャドウとあわせてみると、大人っぽい雰囲気に仕上がります。

　また、日本人に多いイエベさんのお肌には、とても馴染みの良い色味なので、黒や茶色でハッキリした目もとを和らげ、かつ、斬新で洗練された印象のアイメイクに仕上げることができます。そして、アイラインをカラーのものを使用する際には、他のパーツのメイクの色味とのバランスを見ながら選びましょう。たとえば、アイラインにポイントを置いたらリップはナチュラルに・・・。

【イエベさんとカーキ】

　日本人に多い〝イエベメイク〟の鉄則は、目もとには暖色系カラーが馴染みやすいことは説明してきましたが、もともと黄色味がかった肌色のため、寒色系の中でも黄色味ベースもよく似合います。まぶたの色味とカーキのラインがマッチして柔らかい目もとの印象に！

　また、くすみが気になるまぶたを明るく見せる効果もあるので、囲み目メイクにもオススメなカラーです。

【目は口ほどにものをいう？】

　目というパーツは、相手に印象深く残るパーツでもあり、アイライナーは縁の下の力持ちです。伏し目がちなときにチラッと見えるアイラインは、見る人をドキッとさせること間違いなしです。ブラックやブラウンのアイライナーばかりではなく、この機会にカラーアイライナーにチャレンジしてみましょう。

濃くなりがちな アイシャドウの改善

？ アイシャドウが濃くつきすぎてしまう・・・

！ なじみのいい色を使いましょう。濃い色はほんの少しだけつけて！

アイシャドウが濃くなってしまう原因は、目立つ色を使っていること、アイシャドウを塗っている部分と塗っていない部分がはっきりしてしまっていること。また、もともと目鼻立ちのはっきりしている人は、濃く見えてしまいがちです。

ポイントは……

1 馴染みの良い色

2 グラデーション

3 グリッター

【グリッターシャドウの目力！】

ラメシャドウを上まぶた全体に薄くいれ、下まぶたにも細くいれると、レフ板効果で瞳に反射して白目をよりキラキラと見せてくれます。また、上下を〝輝き〟で囲むことで、目力アップ！ 下まぶたは、ごくごく細くいれるのが大人っぽい抜け感にするコツです。

① 馴染みの良い色

アイメイク

自分に似合うアイシャドウの色選びで苦戦していませんか？

一重さんに似合うアイシャドウや年齢を重ねても使えるアイシャドウなど、さまざまな種類がありますので、お肌がイエベかブルベかにあわせて選んだり、なりたい印象にあわせて色味を選びましょう。

一般的にお肌の色に近い、ベージュ、ブラウン、ゴールド系は肌馴染みが良く、他のパーツの色味とも喧嘩しにくく、色味を乗せていても薄化粧に見えます。

反対に、パステルや黒やグレーなどの濃い目の色味は強調される分、濃い印象の目もとに仕上がります。

【一重さんに似合う色味】

切れ長の一重の目もとは、キレイめを引きだしてくれるグレーやボルドー系、ベージュ系、パープル系も似合います。

グレーは、腫れぼったい印象の目もとを引き締め、ソフトに目力がアップします。

ボルドーやパープル系は、目尻キワのみなど微調整して発色を楽しみましょう。

ベージュ系はどなたのお肌にも馴染みやすいので、絶妙な陰影をつけるのもオススメです。

【顔面キラキラ女？】

ラメやグリッター、パール入りのアイシャドウはパッと目もとが明るくなって素敵ですが、マットなアイシャドウより難しい点があります。ルースタイプや大きな粒子のラメは落ちやすく、気をつけていても気がつけば顔中キラキラになって、肝心のまぶたにはあまり残っていなかったり、ラメのツヤ感がほぼないなんてことも・・・。

② グラデーション

　一般的に、アイシャドウパレットは3〜5色のセットになっていることがほとんどです。その中から差し色を抜いた2〜3色でグラデーションをつくってみましょう。一番濃い色（締め色）は目のフチにそっていれるだけで十分です。

　また、トレンドの単色メイクに使用する単色シャドウは、差し色だけでなく、メインカラーとして使う人も多いです。指やチップなどの道具を使用し、塗り方を加減してグラデーションを作りましょう。慣れていないと、色むらができてしまいやすいため、初めのうちはパレットを使うのが無難でしょう。

　最近では、〝見たまま塗れる〟パレットも多数ありますので、ビギナーさんにオススメです。

【上手なグラデーションのつけ方！】

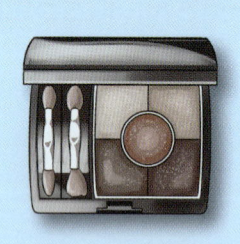

　パレットの一番明るい色味を、アイホール全体に入れ、まぶたのキワの締めの濃い色味まで、徐序にグラデーションをつけましょう。

　指でぼかすとよりナチュラルな感じに仕上がり、チップを使うとグラデーションが密にでやすくなります。

　また、単色系を指で置くようにポンポンすると、元気で可愛らしいアクセントがつけられます。

 【顔面キラキラを回避するには？】

　ラメやグリッターの入ったアイシャドウを使うときは、とくに飛んでしまわないように、アイシャドウベースを使うことをオススメします。いろいろな種類がありますが、少しペタペタするタイプのものは、糊のような役目でラメを定着しやすくします。

③ グリッターアイシャドウ

・ラメライン、ラメグロス

　世界的に「ラメ」がジワジワとトレンドの兆し。パール感ともまた違う、以前にはなかったような、ダイヤモンドみたいなラメ感のグリッターアイシャドウに挑戦してみましょう。

　ただし、塗り過ぎてしまうと、ギンギラギラギラ状態で特殊メイク張りになりがちなので、ポイントやアクセントとして目尻キワや、二重ラインの3分の2くらいまでに留めていれたり、お好みな輝きを作りましょう。

　グリッターの種類には、パウダーやクリーム、リキッドなど多種ありますが、粒子の大きめなラメは、パウダータイプだと時間の経過とともにラメが落ちてしまうこともあるので、クリームタイプやリキッド系がオススメです。

【キラメキの分だけ引き算を！】

　単独で使えば、クリアな中にも目もとにきらめきが生まれ、ベースのアイカラーに重ねて使えば華やかに。

　ハイブリッドな使い方ができて何かと便利なラメアイシャドウですが、盛り過ぎ目にならないように、きらめきの分だけ引き算メイクを心がけましょう。

　指やチップやで微調整しながら塗り、綿棒でぼかすと馴染みやすく、より自然な輝きが放たれます。

【トレンドの単色シャドウ！】

　トレンドの抜け感もだせる単色シャドウには、ジェルっぽい質感のもの、パウダータイプ、アプリケーターでつけるリキッドタイプ、クレヨン状のものなど、タイプもさまざまあり、単色パレットでアイメイクの他に、チークやリップにまで兼用できるものまで豊富にあります。

シャドウのベスト使いで
ムラなくし！

？ アイシャドウがヨレてムラができてしまう・・・

！ まぶたに油分は残さず、パウダーはブラシでつけましょう！

アイシャドウがヨレる原因は、まぶたの油分が多いこと、パウダーが余分についていることです。これらを改善することで、アイシャドウがヨレてダブルラインにたまってしまったり、ムラになってしまったりすることを防ぐことができます。

ポイントは……

1 フェイスパウダー

2 アイシャドウベース

3 アイシャドウブラシ

 【まぶたがくすんで見える？】

目がくぼんでいる人やまぶたがもともと茶色い人は、アイシャドウでまぶたがくすんで見えやすく、スモーキーな色は似合わない傾向にあります。同じブラウンでもピンクやオレンジ寄り、グレー寄りといった色があるので、自分に似合う色を選びましょう。ラメを重ねることで、くすみを軽減することもできます。

❶ フェイスパウダー

基礎化粧でもＴゾーンやまぶた近辺をティッシュオフしておくことで、お化粧もちをよくします。

同様に、アイシャドウをつける前にまぶたの油分を取り除きましょう。ティッシュで軽くオフし、フェイスパウダーやおしろいを薄くつけて下地をつくります。そして、その上からアイメイクを施します。

また、アイシャドウベースがあると、よりヨレにくくなりオススメです。まぶたは、瞬きで頻繁に動く部位なので、この一手間でヨレを軽減できます。

アイメイク

【アイシャドウ選びのポイント！】

人によって目の形はさまざまで、相性の良い色が異なります。一重と奥二重の方は、赤みの強いカラーを使うと腫れぼったく見えてしまうため、避けた方がいいでしょう。

二重の方は、比較的

どんなカラーでもあいますが、〝濃い色〟に注意して選びましょう。アイシャドウの見える範囲が広いため、インパクトが強く派手な印象を与えてしまいます。淡いカラーは、優しい印象に！

 【似合う色のシャドウを使う！】

アイシャドウの色として王道のブラウンですが、肌の色やまぶたの形によってはあわせづらいという人もいます。一口でブラウンといっても、赤みがあったり、オレンジがかっていたり、グレーがかっていたりするからです。色がくすんで見える人は、赤やピンク、オレンジが入ったブラウンを選ぶとくすみを改善できるでしょう。

② アイシャドウベース

　アイシャドウベースとは、アイシャドウを塗る前の下地です。アイシャドウベースは基本的に透明もしくは明るい色で、まぶたのくすみを飛ばしてくれ、アイメイクの一番はじめに指でアイホール全体に広げればOK。驚くほど簡単なのに、このひと手間でアイメイクに大きく差がつきます。アイメイクの最初にまぶたに仕込むことで、アイシャドウの発色＆色もちが良くなり、ヨレにくくなります。

　ベースありとなしでは、アイシャドウの発色やもちが変わりますが、ベースをつけすぎてしまうと、逆にヨレの原因になってしまうので適量を心がけましょう。

【アイシャドウベースの種類】

　ベースの種類にもよりますが、クリームタイプをプレスしたベースは、指の体温で溶けてまぶたに塗るタイプで、しっとりとした感触からサラッとした感じに変化し、粉飛びや目

の周りの乾燥が気になる方にはとってもオススメです。

　ただし、オイリーなタイプの方には油分が含まれていて、ヨレの原因になりやすいので注意が必要です。

　【アイシャドウブラシの種類①】

・平筆ブラシ
　全体にアイシャドウをのせつつ、ラインもきれいに引けるアイシャドウブラシ。
・ブレンディングブラシ
　万能なアイシャドウブラシ。ぼかしたり、影をつけたりするのにもぴったりです。

③ アイシャドウブラシ

アイシャドウを何で塗ってますか？　付属のチップ、または指で塗っている方が多いのではないでしょうか？

たしかに、指やチップだと大胆に塗りやすく、しっとりとした仕上がりになりますが、指やチップだときれいなグラデーションは難しいので、ブラシでぼかすことできれいなグラデーションをつくりましょう。

アイシャドウに付属しているチップを使うとムラができやすくなってしまうため、ブラシでくるくるとパウダーをとり、一度手の甲やティッシュで粉を落としてから、薄くグラデーションを作るように重ねていくと絶妙な陰影がつけられます。

【アイシャドウブラシの使い方】

アイシャドウブラシのオススメの使い方は、平筆ブラシとブレンディングブラシの2本使いです。

平筆ブラシで全体にアイシャドウをのせ、ブレンディング

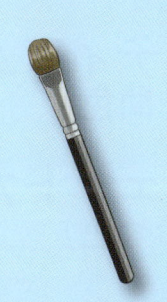

ブラシでアイシャドウの境目をなじませます。

このように2本使いをすることで、より理想的なグラデーションに近づけることができます。

【アイシャドウブラシの種類②】

・テーパードブレンディングブラシ

　テーパードブレンディングブラシは少しだけ先がとがっているアイシャドウブラシ。細かいところまで色の付き方を調整することができ、自然にぼかせます。

・ショートシェーダーブラシ

　毛の量が多く、しっかり粉をのせたいときにオススメのブラシです。

きれいなグラデーション

？ きれいなグラデーションをつくるコツは？

❗ シャドウの色とチップ、ブラシの使い分けを覚えましょう！

　パレットのハイライト、中間色、締め色とチップ、ブラシを使い分けることで簡単にグラデーションをつくれるようになります。まずは、この3色以上が入っているパレットを選びましょう。

ポイントは……

1 ハイライトカラー
（明るい色）

2 ミディアムカラー
（中間色）

3 シェイドカラー
（締め色）

 【アイホールはどこ？】

　アイシャドウは、アイホールに塗るのが基本です。アイホールは目頭と目尻を半円状に囲んだ部分のこと。もし自分のアイホールがわからない場合は、眉の中央を少し上に引き上げてみましょう。その時にくぼむ部分がアイホールとよばれる場所です。このアイホールを意識しながらアイシャドウを塗ると、目もとの印象が奥深い眼差しになります。

① ハイライトカラー
（明るい色）

アイシャドウの選び方や塗り方で、顔の印象は大きく変わります！

色のバリエーションも豊富で、自分なりにアレンジができるアイシャドウは、アイメイクを楽しくしてくれる魅力がいっぱいです。

アイシャドウを塗る場所と塗り方は、明るい色をまぶた全体、アイホールにブラシか指で薄く塗ります。まぶたのくすみを飛ばし、透明感のある目もとに見せます。リキッドやクリームのアイシャドウを使うとベースの代わりにもなり、

アイメイク

流行のツヤもでるためオススメです。

【ハイライトの入れ方】

明るい色

パレットの中で一番薄く明るい色がハイライトカラーです。

まぶた全体に光沢や透明感を与えます。

チップやブラシ、指を使って、まぶた全体にぼかすように入れまぶたに馴染ま

せましょう。

また、目の下の涙袋にもハイライトを入れると目もとが潤んで見えます。

ポイントは、目尻キワを濃いシャドウで引き締めることです。

【ツール・・・チップ？】

チップは、ピンポイントでアイシャドウを入れるときにオススメです。ブラシよりもポイントで色がつくため、しっかりと発色し、とくに目のキワなどを強調したいときなどに GOOD！ チップを使って強くゴシゴシせず、優しく広げましょう。

② ミディアムカラー（中間色）

　パレットの中で、ハイライトカラーとシェイドカラーの間の中間色です。明るい色から濃い色をキレイに仕上げるためのグラデーションのつなぎ役です。
　ミディアムカラーをアイホールの1/3程度のところに、1〜2mm程度のライン状にのせましょう。目を開いたときに、色が少し見えるくらいがGOOD。
　ポイントは、まぶたのキワに中間色を置き、そこからチップや指などで、上へ上へ広げながらグラデーションをつけましょう。
　アイシャドウには、パウダータイプの他に、クリームやリキッドタイプなどさまざまあるので、使いやすいものを選びましょう。

【ミディアムカラーの塗り方】

　見たまま塗れるシリーズや、筆に取ったまま塗るとグラデーションが綺麗に発色するものなどさまざまな種類がありますが、初心者さんのは、見たままシリーズがオススメです。
　付属のブラシやチップを使用するほかに、使いやすいものを使い分けることが大切です。
　グラデーションを入れる部分は、お顔立ちや、まぶたの形によっても変化してきますので、自分のパーツの形に合ったグラデーションの入れ方をマスターしましょう。

中間の色

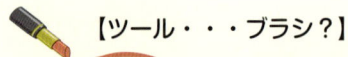

【ツール・・・ブラシ？】

　ブラシは、広い範囲にアイシャドウをのせたり、ふんわりと発色させたいときに使います。ふんわりと色がつくため、グラデーションを作るのに最適です。
　大きなタイプのブラシは、上まぶたにアイシャドウをのせるときに使い、小さいタイプのものは、下まぶたや目のキワに細く色を入れるときにオススメです。

③ シェイドカラー
（締め色）

アイメイク

　アイシャドウブラシか指で中間色をアイホールにぼかしたら、締め色につなげるグラデーションを入れ、一番濃い締め色は、チップで目のキワに入れると、薄付きでもメリハリのある目もとになります。チップで入れるときも、パウダーをなじませてから薄く重ねるようにつけましょう。目尻キワに細めに引いて、アイラインの代わりに使用すると、アイライナーでアイラインを引いたときよりも、優しげでふんわりした印象の目もとを作れます。

　また、抜け感やヌーディにする塗り方はグラデーションと同じですが、全体的に薄く指で伸ばします。締め色は、あくまでもグラデーションの延長なので、薄く塗ってぼかしましょう。

【女子力 UP 締め PINK で cutie EYES】

　奥二重さんや一重さんにオススメのカラーは、トレンドのピンク〜赤系カラーです。

　塗り方は、「目尻に濃いピンク」を入れるポイントメイクです。

　チップや細いブ

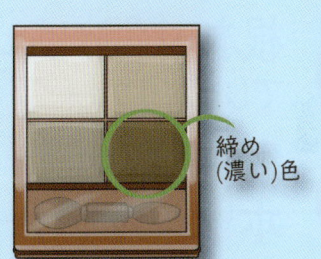

締め
（濃い）色

ラシにとって、目尻側 1/3 だけアイラインのように塗るだけです。

　可愛いだけじゃなく簡単におしゃれでモードな顔になれて女子力がUP するでしょう。

【残ったシャドウで DIY ？】

　アイシャドウのシェイドカラーは、塗る範囲が小さいためか、一番残ってしまうという声も・・・。

　そんなときは、余ったアイシャドウを砕いて、クリアなマニキュアに混ぜると、オリジナルカラーのマニキュアが完成します。

ビューラーでしっかり
カールが長続き！

？ ビューラーをうまく使うコツは？

！ 挟む箇所によって力加減を調節しましょう！

　まつげをカーブさせるビューラーは、目を大きく見せるための必須アイテムです。根本・中間・毛先の３段階に分けることでしっかりあげることができます。ホットカーラーがあれば毛先をもっときれいに整えられるうえ、下まつげも綺麗にカールをつけることができます。

ポイントは……

1 ビューラーの選び方

2 根本・中間はビューラーでしっかりカーブ

3 繊細な毛先はホットカーラーで！

【なぜカールは落ちてしまうの？】

　実は、根もとから適度な力でまつげカールすることができていれば、カールはほとんど落ちません。まずはビューラーがあっているか、一度チェックしてみてください！　どうしても下がってきてしまう場合は、ホットビューラーを使いましょう。

① ビューラーの選び方

ビューラー選びは靴選びに似ています。形や横幅、フィット感などさまざまです。まぶたの形によってあうビューラーは変わります。基本的には以下の4点で自分にあうものを選びましょう。

①横幅（平均的な日本人の目の横幅は約3mmで、自分の横幅が3mm以上か以内かをチェック）

②正面から見たまぶたのカーブ（一重や切れ長ならカーブが並行気味で、二重や丸い目はカーブが丸い）

③眼球の奥行きカーブ（カーブが浅い場合は目が突きでてなく、カーブがきつい場合は目が

アイメイク

突きでている）

④ビューラーの開き具合により、まつげの挟みやすさに違いがでます。

【意外と知らないビューラーの寿命】

意外と知られていないのが、ビューラーにも寿命があるということ。まつげを挟む部分のゴムを替えれば、半永久的に使用できるかと思われがちですが、ビューラー自体のバネの劣化により、一般的に1年半くらいをメドに新調した方が良いそうです。交換のタ

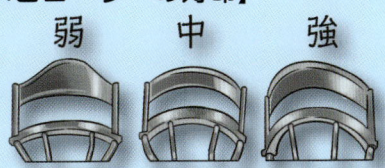

弱　　中　　強

イミングは、まつげが上がりにくくなってきたり、上がり具合が弱くなってきたら交換です。

【一重さんビューラー使いのコツ】

一重でまつげが下がっていてつかめない場合は、一度で上げようとせず、部分用のビューラーを使って2〜3箇所にわけて上げてみましょう。また、まぶたを片方の手で持ち上げながら、ビューラーで挟むと根本からカールしやすくなります。

2 根本～中間はビューラーで しっかりカーブを！

　ビューラーの選び方は前述しましたが、種類もたくさんあります。一番オーソドックスなものは、金属やプラスチックでできていて指を入れるハンドルがあります。ゴムでまつげを挟んでカールさせ、目幅やまぶたの丸みにあわせてサイズ展開されています。そのほかにも部分用やスプリングつきのものなどがあります。

　まぶたを挟まないように注意しながら根本ギリギリをあげます。根本はカールが落ちやすいため、少し強めに挟みましょう。中間はしっかり上げたい場合には根本よりも強めに、控えめに上げたい場合には弱めに挟みましょう。根本からカールを作るイメージで綺麗なカーブを描きましょう。

【失敗しないカール作り】

・３段階でまつげをカール！
　軽く上げた顎を、少しずつ下げるようにしながら、まつげの根本、中央、毛先にむかって少しずつビューラーをずらしながらカールします。１カ所につき挟んだら約５秒キープし

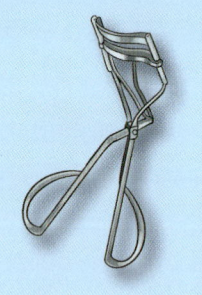

てずらすのがポイント！　このとき、強く力を入れる必要はありません。まつげをしっかり上げたくて、つい力を込めて握りがちですが、まつげに過度に負担がかかると、切れ毛や抜け毛の原因になるので注意しましょう。

【マスカラはあっている？】

　お湯で落ちるフィルムタイプを使っている人は、カールキープタイプのオイルタイプマスカラを使ってみましょう。カールが落ちやすい人は、残念ながら１日中キープするのが難しいので、１回くらいはカールをし直すつもりで！　マスカラ下地でもカールキープタイプのものがあるので試してみてください。

3 繊細な毛先は ホットビューラーで！

ビューラーを使っても、なかなかまつげがキレイに上がらないという人にオススメなのが、ホットビューラーです。

熱をあててまつげをカール＆アップさせキープするもので、ビューラーのようにはさむタイプやフラットタイプ、コームタイプなど、さまざまなホットビューラーがあります。

根本からホットビューラーをあて、根本を立ち上げる際や、毛先をカールさせるには、弱めに挟みカールさせます。ホットカーラーがあれば毛先と上に飛び出たまつげ、さらに下まつげを整えることができます。まつげが下向きに生えている方や短い方でも、容易にカールを作りキープすることができます。

【ホットビューラーの使い方】

メーカーによりさまざまなので、使い方は添付の取扱説明書にそってご使用下さい。
※ホットビューラーを使用する際は、まぶたの粘膜を火傷しないように注意が必要です。

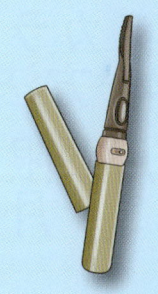

綺麗なカールの目もとを作るコツは、根本から放射状に広がるようにカールをしっかりつけて、毛先までくるんと、ほどよいカールをキープすることです。

【垂直まつげにならないために！】

垂直まつげにならないように、ビューラーを手首だけで上げていくのではなく、肘まで使って、最後は肘が上を向くくらい大きく上げてください。また、まつげに過度な力がかかり過ぎると、角度がつきすぎてしまう一因に。カールに最適な力がかかるように設計された、ストッパーつきのカービングアイラッシュカーラーもオススメです。

ダマなしなのに
ボリュームもロングも！

？ マスカラがダマになる原因は？

！ マスカラ液の量が多いことや乾いたマスカラを使用していること！

　まつげに塗ることで目を大きく見せるマスカラですが、塗り方を少し間違えるとダマになってしまいます。主な原因は、マスカラ液のつけすぎや、古くなったマスカラ液を使っていることです。マスカラを正しく使って、きれいなまつげに仕上げましょう。

ポイントは……

1 塗る前にブラシで整える！

2 マスカラで失敗しない方法！

3 使用期限は約３ヶ月

【マスカラの種類①】

・ウォータープルーフタイプ
　ウォータープルーフタイプのマスカラは、汗や皮脂に対してもにじみにくく、カールキープもしやすいのが特徴です。落とす際は、専用のリムーバーが必要となるものもあります。

① 塗る前にブラシで整える！

まず初めに、スクリューブラシやマスカラコームでまつげを整えましょう。

マスカラの液だまりをティッシュオフします。マスカラがダマになりにくくするためのひと手間です。マスカラの容器で液だまりを落とす行為も、マスカラの液が乾いてダマの原因になるのでひかえましょう。

根本にブラシを押しあてて、上まつげの中央部分からマスカラを塗ります。目頭や目尻にも液がきちんと付くように、細かい部分はブラシを立てて、一本ずつ塗ります。

下まつげは、ブラシを縦に使い、放射状に塗りましょう。

【マスカラがにじんでパンダ目になったら？】

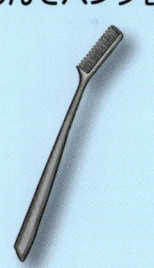

綿棒に乳液を1滴たらして軽くなじませると、綺麗に取り除きやすくなります。

このとき、綿棒がまつげに触れないよう気をつけましょう。取り除いた箇所にはアイシャドウを軽く乗せておくとにじみにくくなります。

また、マスカラがにじんでしまう主な原因は〝過剰な油分〟なので、まつげに余計な油分がつかないように意識し、目の下にはフェイスパウダーをつけてサラサラにしておきましょう。

【マスカラの種類②】

・フィルムタイプ

フィルムタイプは、マスカラの液体でまつげを包み、全体をコーティングするタイプです。フィルムタイプも水ににじみにくいですが、お湯で落とせるものも多くあります。

② マスカラで失敗しない方法！

　まつげをブラシやスクリューブラシで整えたら、少ないかな？　と思う量まで、マスカラ液を調整しましょう（ブラシの先端にマスカラ液が溜まりやすいので注意）。

　マスカラブラシをジグザグに動かさず、根本から毛先に向かってなぞるように塗りましょう。

　ボリュームをだしたいときは、重ねづけをして一度にたっぷりのマスカラ液をつけないようにするのがコツです。

　また、開封して時間の経過したマスカラは、劣化している可能性があるので避けましょう。

　マスカラを塗った後に、再度ビューラーでまつげをカールさせるのも、まつげが固まってしまい、まるで〝ひじき〟のようなまつげになってしまうので注意しましょう。

【仕上がりにあわせたマスカラ選び】

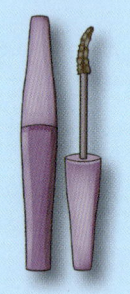

・カールマスカラ
　まつげが下がりやすい方は比較的早く乾き、まつげを根本から上を向かせてカールを長持ちさせるカールタイプがオススメです。

・ボリュームマスカラ
　粘度のある油性成分を使った重みのあるマスカラ液です。まつげ1本1本に多くの量が

つきやすいので、まつげを太く濃くボリュームアップさせることができます。

・ロングマスカラ
　繊維やフィルムによって、まつげ1本1本に長さをだすことを目的として作られたマスカラ液です。量よりも長さをプラスしたい方にオススメです。

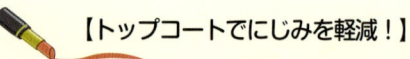

【トップコートでにじみを軽減！】

　パンダ目になりやすい涙目の方は、マスカラの仕上げにトップコートを塗るのがオススメです。トップコートを塗るときも、メインのマスカラをしっかり乾かしてから塗りましょう。にじみの軽減と、まつ毛にツヤを与えることができ、一石二鳥！

③ 使用期限は約3ヶ月！

マスカラの使用期限の目安は、約3ヶ月だといわれています。目もと付近で使用するマスカラは、雑菌が繁殖しやすいと考えられているためです。

また、マスカラのブラシを出し入れすることで、空気に触れる機会が多いため、マスカラ液が乾きやすく、劣化も早めてしまうことがあります。毎日マスカラを使用する場合は、1ヶ月半〜3ヶ月を目安に買い替えるようにするとよいでしょう。

使用期限を過ぎても使える場合がありますが、液の劣化や乾燥などでダマになりやすく、目もとの病気を誘発したりする可能性もあるので、購入する際に確認するなど、使用期限には注意が必要です。

アイメイク

【マスカラの落とし方】

マスカラのタイプに合わせた落とし方で、目もとをすこやかで清潔な状態に保ちましょう。

①ウォータープルーフ
ポイントリムーバーをコットンに染み込ませ、まつげを優しく挟み拭き取ります。

②フィルム
ぬるま湯をコットンに浸して優しく拭き取ります。

③ウォッシャブル
水と洗顔料で落とせますが、コットンや綿棒を使用して拭き取ります。

【ブラシ別塗り方のコツ！】

マスカラブラシの形状に合わせて、最適な塗り方をマスターしましょう。**ロングタイプの直ブラシ**は、まつげをとかすように真っ直ぐ塗りましょう。**コームタイプ**は、液の微調整をしてから、ジグザグにならないようにとかします。**ボリュームタイプ**は、たっぷりのマスカラ液でジグザグに根本から塗りましょう。

短い・少ないまつげ

❗ **お悩みにあわせて適切な対策をしましょう！**

まつげが少ない、短い、柔らかい、逆さまつげなど・・・まつげの悩みは千差万別です。基本のマスカラメイクの手順と、悩み別の対処方法をマスターしましょう。

ポイントは……

1 まつげにダメージを与えない

2 まつげ美容液

3 まつげ下地（マスカラ下地）

【ナチュラルメイクにこれ1本！】

マスカラ下地は「下地」といわれていますが、ナチュラルメイクに仕上げたいときや自然な目もとにしたいというときはこれ1本でOKです。学校でメイクが制限されていたり、就活など派手なメイクがダメなときにマスカラ下地の単独使いはぴったりです。

❶ まつげにダメージを与えない

アイメイクでアイシャドウやアイライナー、ビューラーやマスカラなどの使用やクレンジングで、まつげ自体には過度なダメージがかかっています。

それだけではなく、まつげエクステやまつげパーマ、また、つけまつげやパーマ等・・・どれがどの程度のダメージを与えているのでしょうか?

ダメージのかかる順番は・・・(強) まつ毛パーマ>ビューラー>つけまつげ>マツエク>マスカラ (弱) と、いわれています。

アイメイク

【ダメージの原因】

・まつげパーマ
　顔の皮膚の薄い粘膜にパーマ液をつけることはリスクもともない一番のダメージの原因に。

・ビューラー
　まつげに過度な力と負担がかかるのでまつげを痛めます。

・付けまつげ
　自まつ毛の根もとが

接着面のため、そこが炎症になりこすったりしてしまうことで傷んだり抜けたりします。

・まつ毛エクステ
　自まつ毛1本にエクステとグルーがついているため負荷がかかり、お肌とグルーの相性 (アレルギーなど) が左右されるので注意が必要です。

【マスカラ下地のダマ】

マスカラ下地を塗る際にも、ダマを解消するためにコームを使ってまつ毛をしっかりとかしましょう。髪の毛と同様、くしでとかすことでまつ毛についたホコリや汚れをある程度落とすことができるので、下地のノリも良好になります。

❷ まつげ美容液

　素敵なアイメイクには欠かせないまつげのメイクですが、負担がかかった分、適切な対策を取ることで自まつげに栄養や潤い、ハリを与え育毛することも可能です。そこで、まつげ美容液を使用しましょう。

　まつげ美容液には、毛髪ケアに有効な成分が含まれているものや、毛周期にあわせてまつげの成長を促す効果が期待できるもの、お肌の弱い方むけのオーガニックの美容液などさまざまあります。自分にあった美容液を選び、マッサージ等で目の周りの血行を促進し、まつげに栄養や美容成分を与え、ハリ・ツヤ・潤いのある〝まつ育〟をしましょう！

【まつ育に効果的な塗り方】

　まつげは髪の毛と比べて毛周期が短く美容液の効果を実感しやすいので、マッサージと併用して実践してみましょう。

　上下まぶた全体～まつげの生え際を人さし

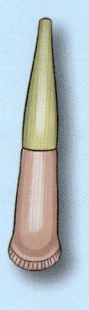

指、中指、薬指の軽く優しいタッピングで血行促進し、洗顔後の清潔なまつげに美容液を根本から塗布します。

　ポイントは、生え際から１本ずつコーティングするように！

【まつげクレンジング】

　アイメイクをしっかり落とす際のクレンジングで、ゴシゴシ摩擦を与えることはタブーです。

　まつげ専用リムーバーでまつげを優しく挟むように、コットンを使いしっかりオフしましょう。

③ まつげ下地（マスカラ下地）

　マスカラにはこだわっているけれど、マスカラ下地は使ったことがない・・・なんて方も多いのではないでしょうか？

　マスカラ下地は、アイメイクの仕上がりを大きく左右するといわれている程重要なんです。夜まで上向きまつ毛をキープする秘訣は、マスカラではなく〝マスカラ下地〟を使用することです。その他にも、ボリュームアップや、まつげケアとしても併用ができます。

　とくに、ホットビューラーを使用する方のまつげは、ビューラーの熱などで、まつげ自体が傷み、抜けやすくなっているケースがあるので、健やかなまつ育にも下地はオススメです。

【マスカラ下地の色】

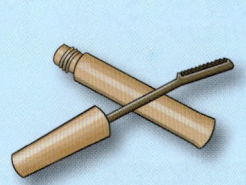

　マスカラ下地には、主に「黒」、「白」、「透明」の3つのカラーがあります。

　黒は、上からマスカラを重ねたり、時間がたってもマスカラ下地が白浮きしないので、初心者さん向けです。

　白のマスカラ下地は、塗ったところが見えるので、マスカラ下地の塗り残しを減らせる分、カールキープやボリュームアップをしっかりしてくれます。

　透明のマスカラ下地は、これ1本で使ってもナチュラルでありながらツヤのある目もとを演出できます。

【マスカラ下地は半分だけ】

　まつ毛を根本から持ち上げるようにマスカラ下地を塗ると、カール力もアップします。マスカラ下地は根本から真ん中あたりまで塗ります。毛先まで塗ってしまうと、マスカラを塗るときに突っかかってしまい、綺麗にセパレートされないので気をつけましょう。

平らな目から涙袋をつくる！

? 涙袋とは・・・？

**! 男性が〝かわいい〟と思う・・・？　涙袋を
アイシャドウを使いわけて作ってみましょう！**

涙袋は目の下全体のちょっぴり膨らんだ部分のこと。ここは通称〝ホルモンタンク〟ともいわれ、女性らしさの鍵を握るパーツです。涙袋がない方もメイクで描くことができます！

ポイントは……

1 涙袋の〝ある人〟〝ない人〟

2 濃淡シャドウの使い分け

3 眼輪筋マッサージ

 【毎日の習慣が大事！】

・パソコン仕事は PC 眼鏡を使う
・目を使ったあとは目薬をさす、冷やす
・目は絶対こすらず、刺激しない
　（かゆいとき、メイクを落とすときなど）
・コンタクトレンズは、毎日は使わず、眼鏡などで
目の休息日をつくる

① 涙袋が〝ある人〟〝ない人〟

目の周りの眼輪筋が未発達であることが、涙袋がない主な原因だといわれています。

また、目の下の皮膚が厚いと、眼輪筋がしっかりと発達していても、ぷっくりとして見えにくくなってしまうので、涙袋として認識されずにいるという場合もあるようです。

涙袋の線が薄かったり、涙袋が全くなかったりと、涙袋のお悩みは人それぞれ。美人の条件として常識となりつつある〝涙袋〟は、整形をしないと手に入らないと思っていませんか？　そんな方は、メ

アイメイク

イクで涙袋を作る方法をマスターして試してみてはいかがしょう？！

【涙袋があるメリットは？】

涙袋があるか、ないかで、見た目の印象が大きく変わってきます。

涙袋がある方は、より引き出すようなメイクを。ない方は、メイクテクニックで作ってみましょう。涙袋には次のようなメリットがあるといわれています。

・目がぱっちり大きく見え、可愛さが増す。
・女性らしく優しげな目もとに見える。
・潤んだ目で、色っぽく見える。
・目もとに立体感がでて、若々しく見える。
・目もとがはっきりとし表情が魅力的になる。

【ストレッチのメリットは？】

・自分の身体や筋肉を刺激するので、〝すっぴん〟状態でも効果を持続できる。
・目もとだけでなく顔全体の表情を豊かにできる。
・リラックス効果。

・スキンケアの一部や、空いた時間でできるので時間がかからない。
・高い美容液や手術が不要でコストがかからない。

149

② 濃淡シャドウの使い分け

　色味や質感の違うアイシャドウを使い分け、涙袋を描きましょう。
　上まぶたは、肌に溶け込むなじみ色を使うのがポイントです。涙袋メークは、下まぶた全体にポイントをもってきているため、上まぶたは控えめにしましょう。
　なじみ色をサラッと指やチップでアイホールにのせる程度がベターです。マットな淡ブラウンアイシャドウで影を入れるとよいでしょう。涙袋のすぐ下にさりげなく影を入れることで、涙袋のぷっくり感を強調することができます。影となる存在なので、質感は必ずマットなものを選びましょう。パール感があると、下まぶたがキラキラしすぎるので注意が必要です。

【ベージュやパールの使いわけ】

　ベージュ系や薄いピンク系、イエローベージュ系など、肌馴染みが良いパール入りのハイライトを入れ、凹凸がでるように下まぶたに綿棒で細く自然な感じに馴染ませましょう。

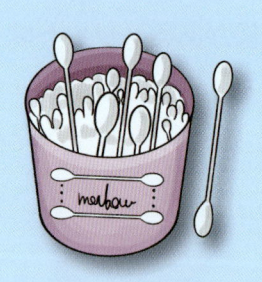

　パール粒子は、繊細すぎずギラギラしすぎないオーソドックスタイプのものを使用して、あくまでも、さりげなく涙袋を描くようにしましょう。

 【浮腫で〝涙袋〟消滅？】

　もともと涙袋が見えていた人でも、むくみや肉によって涙袋が消えて見えなくなっていることがあります。小顔マッサージも兼ねて、血流を改善しましょう。肌だけを動かすようなマッサージは、しわの原因になってしまいますので、優しくなでるように行いましょう。

③ 眼輪筋マッサージ

簡単な眼輪筋トレーニングで、下まぶたを鍛えて涙袋をつくりましょう。

マッサージは優しく、目の周囲のむくみをとって涙袋を目立たせるのがポイントです。ごりごりと強くマッサージするのではなく、優しくなでるようなイメージでマッサージしましょう。

目もとには、目尻の斜め下の骨のくぼみに〝球後（きゅうご)〟というツボがあります。目頭からこの〝救後〟に向かって、軽くなでるように３～４回マッサージしてあげると、むくみがとれて目もとがすっきりします。くれぐれも痛くならないように、必ずクリームやオイルを使って、なるべく肌に摩擦を起こさせないように優しくマッサージしましょう。

【眼輪筋ストレッチ】

眼輪筋を動かし、むだな脂肪を落として血行を促進させ、涙袋を目立たせましょう。

①上下体操ストレッチ
ゆっくり、ぎゅうっと目を閉じる。
→ 目を閉じた状態で５秒キープする。
→ 眼球だけを動か

すイメージで、上の方を見ながらゆっくり目をあける。
→ 眼球だけ上を向いた状態で５秒キープ。
→ 目の方向を上下で繰り返す。

②ウィンク筋トレ
片目ずつウィンクを 50 回ずつ行う。

【色素沈着に注意！】

色素沈着とは、メラニン色素が皮膚に蓄積されて、シミやそばかす・くすみの原因になること。皮膚をこすったり、刺激をあたえたりすることで色素沈着します。デリケートな目の下の皮膚へのメイクやメイク落としのときの刺激は、色素沈着の原因にもなります。

一重を二重にするアイテム
これは魔法か……？

❓ アイプチとは・・・？

❗ 日本人に多い一重や奥二重の人でも、手軽に二重を作ることができるアイテムです！

　一重のほかにも、加齢によりたるんできたまぶたをリフトアップして、目もとをすっきりさせるタイプもあります。夜就寝中に二重のクセをつけることによって、昼間のアイプチをしなくても、ぱっちりとした二重になれる夜用アイプチなど、種類も豊富に展開されています。

ポイントは……

① りキッドタイプ

② テープタイプ

③ ファイバータイプ

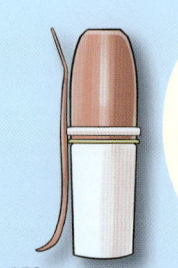

 【アイプチ選びは？】

　アイプチは、まぶたの厚さ、やわらかさ、なりたい二重の幅などにあわせたタイプのものを選ばないと、キレイな二重を作ることができません。
　また、せっかく作った二重を長時間キープするためにも、アイプチの種類や特徴をよく知ったうえで、どれを使用するのか検討しましょう。

① りキッドタイプ

アイプチのなかでも、もっとも種類が豊富に展開されているリキッドタイプは、〝のり〟のようなリキッドをまぶたに塗布して二重をつくるタイプのアイプチです。

乾かす時間が必要ですが、自分の目の幅にあわせて塗れるため人気があります。

リキッドタイプのアイプチには下記の3タイプがあります。

アイメイク

<接着式>

〝のり〟のようなリキッドをまぶたに塗布し、まぶたをくっつけることで二重をつくるオーソドックスなタイプ。まぶたの皮膚を接着させるので、まぶたの薄い人はもちろん、厚みのある人や、頑固な一重の人でも手軽に作れるのが特徴。

メリットは、初心者でも塗りやすく、まぶたの厚い人でもくっきりとした二重を長時間キープできるという点です。

デメリットは、皮膚と皮膚を接着するので、まばたきや目を閉じたときに不自然になったり、皮膚への負担が大きいということです。

<折り込み式>

リキッドを乾かして膜にすることで境目を作り、その上にまぶたをかぶせて折り込むように二重をつくるタイプ。目を閉じてもひきつった感じもなく、自然な仕上がりになるのが特徴。

メリットは、皮膚を接着しないので、まばたきや目を閉じたときに自然に見え、負担も小さいということです。

デメリットは、まぶたの上に膜を作ってまぶたに折り込ませて二重を作るので、まぶたの厚さによって二重になりにくく塗り過ぎると剥がれてきてしまったり、自然な二重にならなかったりと、塗り方にコツが必要なので慣れるまでに時間がかかることです。

<夜用>

夜寝る前に、まぶたに二重を作って、就寝中にクセをつけるタイプ。そのまま寝るだけで、朝起きると二重ラインができています。

メリットは、美容成分や保湿成分など肌に優しい成分で作られているものが多く、肌が弱い人でも安心して使用できることと、昼間はアイプチをしなくていいため、周りに気づかれにくいことです。

デメリットは、まぶたの厚い人や頑固な一重の人など、二重のクセのつきやすさに個人差があるということです。

【美容整形は・・・？①】

〝ヒアルロン酸注入〟という方法を用いて、涙袋を形成することができます。ヒアルロン酸注入は、最近では以前よりも安価に、短時間でできるため、芸能人でなく、一般の方でも気軽にやっている方も多いのですが・・・（②に続く）

153

② テープタイプ

アイテープタイプは、まぶたに貼るだけで手軽に二重を作ることができるので、乾かす時間がいらないというのが特徴で、下記の2タイプがあります。

＜片面接着式＞

テープの片面を接着させて膜をつくり、上からまぶたをかぶせて二重をつくるタイプのアイプチです。透明タイプや、半透明タイプ、肌馴染みの良い肌色タイプのほか、肌に刺激の少ない医療用テープ素材のもの、目立ちにくいポリエステル素材、メイク馴染みの良い不織布素材など、多種多様のタイプがあります。

また、目の幅やまぶたの厚さにあわせて、まぶたの薄い人用のスリムタイプ、まぶたの厚い人用のワイドタイプなども展開しているため、それぞれの特徴を知って、好みやまぶたのタイプにあわせて選ぶといいでしょう。

メリットは、まぶたの皮膚同士を接着させないため、目がつっぱらず、目を閉じたときも自然です。

デメリットは、目を閉じたときに、まぶたに貼りついているテープが目立ちやすいことです。

＜両面接着式＞

テープの両面にまぶたをくっつけて、二重をつくるタイプのアイプチです。まぶたにテープを張り付けてプッシャーでくい込ませることによって、テープがまぶたにくい込み、まぶたの凹の部分で皮膚同士を接着させます。

メリットは、まぶたの幅が広い人でも手軽に二重を作ることができることと、まぶたの厚い人や頑固な一重の人でも、しっかりと接着できるためくっきりとした二重を作ることができることです。

デメリットは、目を閉じたときに不自然になることです。

※両面接着式のアイテープも片面接着式と同様に、透明タイプや半透明タイプ、肌馴染みの良い肌色タイプなどのほか、肌に刺激の少ない医療用テープ素材のもの、目立ちにくいポリエステル素材、メイク馴染みの良い不織布素材などもあります。

【美容整形は・・・？②】

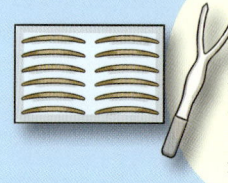

（①から続く）ヒアルロン酸は、約1年の間は効果を発揮しますが、その後は体内に吸収されるため、2〜3年すると再度ヒアルロン酸を入れ直さなくてはいけません。また、美容整形にはどうしても失敗のリスクがつきまといます。まぶたはデリケートゾーンなので慎重に！

❸ ファイバータイプ

　粘着性のある糸状のものを、まぶたに食い込ませるようにして二重の溝をつくるファイバータイプのアイプチです。現在販売されているほとんどのファイバー式アイテープは、医療用の粘着剤やファイバーを使用しているため、肌のトラブルが起こりにくいのも特徴です。

　メリットとしては、アイプチが目立ちにくく、まぶたへのなじみが良く、ファイバーがしっかりとくい込むため、一重の人は二重のクセをつけやすく、奥ぶたえの人でもくっきりとした二重を作れるという点があげられます。また、接着式アイプチに比べると、肌への負担が少ないため、肌の弱い人でも使用することができます。

　デメリットとしては、キレイな二重ラインを作るのにコツがいるため、慣れるまでに時間がかかってしまうことや、まぶたの厚さによっては二重になりにくいということがあげられます。

【ファイバータイプがおススメなまぶたは？】

　目頭が隠れた奥二重や二重幅が狭い人の調整用にオススメです。奇麗な二重ラインを作るのにコツがいるため、貫れるまでに時間がかかってしまう点と、接着面積が狭いため、ハリのある厚いまぶたの人は二重になりにくい

ともあります。

　装着のコツは、ファイバーテープを左右にぶ〜んと引き伸ばして、ピンと張った状態にしながら二重にしたいラインに食い込ませる様に、強めに押しあてながら貼ると奇麗な二重が作れます。

【お肌のハリを保ちましょう！】

　肌にくすみやシワがある状態では、涙袋も〝たるみ〟に見えてしまいます。とくに、30歳くらいから張りがなくなってきて、以前はあった涙袋が目立たなくなってしまうこともあります。肌の張りを保つことも涙袋形成には必要なのです。

コラム 3
メイクブラシの種類と特徴は？

メイクブラシを使うと、メイクの質が変わるといっても過言ではないほど繊細に仕上げられる重要なアイテムです。

繊細なメイクに仕上げられるメイクブラシは、塗る部分ごとに使い分けましょう。フェイスブラシ・チークブラシ・アイシャドウブラシ・アイブローブラシ・リップブラシ・ファンデーションブラシなどがあります。

ブラシの特徴と用途を知り、ワンランク上のメイクを目指しましょう。ブラシには、天然毛と合成毛（人工毛）があり動物によって毛質が変わります。

<リス>

尾の毛だけを使い毛質はとても柔軟で集合力に富み、フェイス、チーク、シャドーの最高級品に使われます。リスの種類は灰リス、松リスなどがあります。

＊ 灰リス・・・リス毛の中では最高級。その毛質はふわっとやわらかく、とても繊細です。

＊ 松リス・・・灰リスよりもしっかりした感じで、アイシャドウブラシなどに使われます。

＊ カナダリス・・・非常に希少なリスで、毛先は繊細でコシがあり小さいシャドウブラシ向きです。

<山羊>

天然毛の中では、コシがある山羊の毛が使われることが多く、毛先が透明でその部分が長いほど良質とされ、柔らかく、粘りがあり、まとまりがよい毛質です。フェイス、パウダーブラシ等に最適で、体の部分（位置）によって毛の硬さが変わります。

＊ 粗光峰・・・毛丈が長く、細くしなやかで、山羊毛の中では最高級。首周りの摩耗の少ないやわらかな部分のこと。

＊ 細長峰・・・粗光峰に次ぐグレートの山羊毛。背筋部分の毛でやわらかい書道用の筆にも多用される高級原毛。

＊白黄尖・・・コシがあり粉含みも良いのでフェイスブラシやパウダーブラシによく使われる毛で、黄尖や上爪峰よりも上質。粗光峰などとの混毛にも使います。

< 馬 >

＊ ポニー・・・山羊と同じように、体の部分によって毛に特徴があります。毛先が柔らかく光沢があり、毛先が細くなめらかです。フェイス、シャドー、リップまで幅広く使われています。

<化学繊維>

＊ナイロン・・・天然毛に比較すると安価でコシが強く、イタチ毛に似た性質で洗浄も可能なので取扱いは楽です。また、動物アレルギーがある方は天然毛よりも人工毛の使用をおススメします。

<メイクブラシのお手入れ方法>

毎日のお手入れは、使用後に手の甲や腕などで軽くはたいて下さい。色残りが気になるときはティッシュで軽くポンポンと叩きましょう。ブラシは極力水洗いはせず、洗った場合はブラシの中に雑菌が繁殖しないようによく乾燥させ、毛並みを整えて清潔に保ちましょう。

第4章 チーク・リップ

早わかり

話のネタ帳

チークの色選び

❓ チークって何でつけるの？

❗ 顔にメリハリをつけて骨格をコントロールし血色アップしましょう！

　チークの入れる場所を少し工夫するだけで、小顔効果がぐっとアップ！　骨格をもとから変えることはできませんが、チークの視覚効果で理想の骨格に近づけることができます。イメージや雰囲気を変え、血色を良く見せることもできます。

ポイントは……

①　顔にメリハリが欲しい

②　〝かわいい〟雰囲気をつくりたい！

③　〝透明感〟や〝色気〟を出したい！

【そばかすなんて〜♪】

　そばかすが多い人は、まずはしっかりベースメイクでカバーをすることが大切です。まずコンシーラーでそばかすを目立たなくカバーして、ファンデーションを塗ってからチークを入れましょう。そばかすが隠れてチークがキレイに発色します。

① 顔にメリハリが欲しい！

自分の顔の骨格を理解して、形別にあわせてベストなチークの入れ方をマスターしましょう。入れすぎてしまうとチークだけ浮いてしまうので、自然と馴染むようにサッと入れるのがオススメです。

・丸顔さんは、頬の高い位置からこめかみに向かって斜めにチークを入れ、シャープな印象をプラスしましょう。

・面長さんは、頬の内側から横長にチークを入れ、顔の長さをセーブさせましょう。

・ベース型さんは、頬骨の高い位置からこめかみに向かって楕円形に入れ、そのままエう の部分にもひと入れして、エラの存在を中和しましょう。

チーク・リップ

【チークの正しい位置】

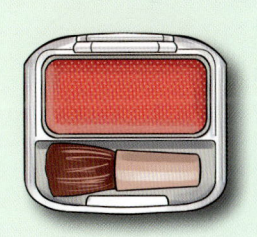

チークを入れる基本の位置は、黒目の外側から下がった位置と、小鼻と耳の中央を結んだところを起点とします。

耳から指2本分はさけ、目の下はほお骨がある高さまでにします。これを基本型として、顔型にあわせて入れる形を変えていきます。起点を中心にし、耳から指2本分あけた所に入れ、ほうれい線の位置より下には入れないのがコツです。

【気にしないわ～♪】

ここで重要なのは、濃い色のチークでそばかすを隠そうとしないようにしましょう。濃い色のチークを選んでしまうと、そばかすの色を引き立たせてしまい、くすんだ顔色に見えてしまいます。なるべく明るめのコーラル系などのヘルシーな色を選びましょう！

159

② "かわいい" 雰囲気 をつくりたい！

　チークの入れ方や色を変えるだけで、キュート・カジュアル・クール・大人っぽく・・・、どんなイメージでも演出することができます。
・かわいい系に！
　幼い感じでかわいく、あどけない印象にするには、ほお骨の高い位置に小さめの円を描くように丸くふんわりと入れていきます。そうすることで若々しいイメージになります。円を太きくすると顔が大きく見えてしまうので気をつけましょう。
・大人っぽく、クール系に！
　大人っぽくクールな印象にするには、ほおの高い位置よりも少し低めの位置に、こめかみに向かって斜めに入れていきます。入れる位置が下過ぎると老けて見えてしまうので注意しましょう。

【可愛いだけでは物足りない】

　ときには、イメージチェンジをして、コケティッシュな"小悪魔風"にチャレンジしてみましょう！
　骨格にそって、ほお骨の高い位置からこめかみに向かって、長めにシャープな感じで入れていくのが

コツです。
　少し濃いめに入れていくと、個性が強調されて小悪魔感がUPします！
　ただし、入れすぎてしまうと、"特殊メイク"のようになってしまうので、濃さには注意しましょう。

 【肌色を診断】

　自分の肌色にあうチークの色を選ぶのは、とても重要です。パーソナルカラーを知り、あう色味をさがしましょう。一般的に肌の色は、イエローベースの肌とブルーベースの肌の2種類に分けられます。日本人に多いのは温かみのある黄色がかったイエローベースで、欧米人に多いのが透明感のある色白タイプのブルーベースです。

③ 〝透明感〟や〝色気〟を出したい！

肌色に合ったチークの色選びをしましょう！

＜赤　血色系＞

入れ方によって、あどけなさや大人の色っぽさも演出できる赤系チークは、ブルーベースの人、色白の人、あまり血色のよくない人にもオススメです。顔色を華やかに魅力的に見せます。

＜ピンク系＞

肌なじみのよいピンク系は、ふんわりとした柔らかい印象になります。ブルーベースの人、青白さをおびた顔色の人、色白の人にも◎。ブルーベースの肌は青みが強いため、ピンク系を入れることで血色感がアップし、健康的で色白の肌をいっそう引き立たせます。

＜コーラル系＞

コーラルとは、珊瑚の色に由来するオレンジとピンクの中間のような色のことです。コーラル系の色は温かみのある印象になります。イエローベースの人やピンク系が苦手な人も、オレンジが入っているのでトライする価値ありです。ヘルシーな雰囲気で、肌を綺麗に見せます。

＜オレンジ系＞

元気な印象を与えるオレンジ系のチークは、イエローベースの人が似合います。日本人に多いオークル系の肌の人や色黒さん、日焼けした肌の人に似合い、イキイキとした印象になります。ブラウンに近いオレンジ系を選ぶと、肌がくすんで見えるので、なるべく明るめのオレンジを選びましょう。

【あなたのお肌は何ベース？】

自分の肌のベースカラーを見分けてみましょう。生まれもった自分の肌の色は、手首の内側の付け根部分で確認ができます。

血管が緑色に見えた人はイエローベースで、青色や赤色の血管が見えた人はブルーベースです。

どうしても濃くなってしまう
チークには

？ 乾燥で肌がカサカサする・・・

！ チークの種類にあわせたツールを使い分けましょう！

チークの種類は3タイプあり、それぞれ質感や仕上がりの雰囲気も変わります。自分の肌にあうお好みのタイプとツールを使い分けて自然に仕上げましょう。

ポイントは……

1 パウダーチーク
（ブラシ使用）

2 クリームチーク
（指、スポンジ、ブラシ）

3 リキッドチーク
（指、スポンジ、ブラシ）

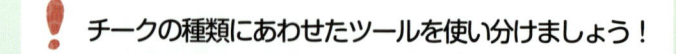

【落ちないチークの裏技】

クリームチークとパウダーチークのダブル使いで、落ちないチークに！　ベースメイクの後にクリームチークを適量とって、指かスポンジでトントンとたたき込むようにつけて肌に密着させます。その上からパウダーチークを軽く重ねると、チークの持ちはもちろん、完成度も UP します！

① パウダーチーク（ブラシ使用）

チークの輪郭が残ったままや、〝高発色すぎてチークが1番に目に飛び込んでくる〟〝頬ではなく目の下など高めに入っている〟・・・思いあたる人、いませんか？　可愛い印象はありますが、その入れ方もう古いかも?!

肌自体が自然に赤みを帯びて、ナチュラルに血色感があり、〝悪目立ち〟せずに顔全体を明るく見せてくれる、そんなチークが今は旬です。〝悪目立ち〟しているチークの入れ方を見直して、今どきチークにアップデートしましょう。

チーク・リップ

【一番オーソドックス？】

チーク初心者やチークが苦手な人でも使いやすいのが、ブラシ使用したパウダーチークです。

一般的にはプレストパウダー状になっており、ブラシを使って塗っていくとふんわりと色づき、

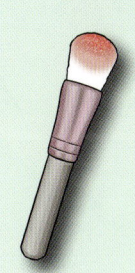

優しい仕上がりになります。

どんな肌タイプの人にも、どのタイプのファンデーションにも馴染みやすくムラになりにくい、使い勝手のよいタイプです。

【肌別似合うチークは？】

派手にならずにナチュラルな雰囲気で顔色を良く見せるのであれば、ブルーベースの肌の人はピンク系かローズ系に、イエローベースの肌の人はオレンジ系やピーチ系の色を選びましょう。薄くサラッと入れるのがポイントです。

② クリームチーク
（指、スポンジ、ブラシ）

　練り状になっているクリームチークは、肌の内側から自然な色がにじみでるような仕上がりになります。

　クリーム状なので肌への密着感に優れ、鮮やかな発色で色もちがよいのも特徴です。クリームチークを塗るときは、肌に密着させながら指でトントンとたたき込むようにぼかしていくと、ナチュラルな上気肌がつくれます。

　また、ムラがでないように、クリームチークはお粉をはたく前に塗りましょう。

　クリームチークが、冷えて固いときは、指を少し温めてから取ると馴染みやすくなります。

【クリームチークの塗り方】

　クリームチークを指にとり、頬の高い部分を中心に指先で広げていきます。手の甲で一度量を調整してから頬に乗せるのがオススメです。何もついていない指

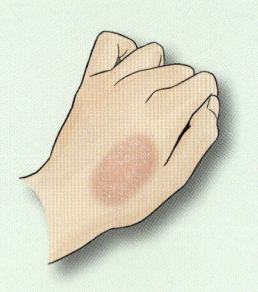

で境目をぼかし、もう一度中指に少量のチークをとったら、頬の高い部分になじませます。色の強弱が立体感を作ってくれます。

【チークと見た目年齢！】

　見た目年齢とチークには深い関係があります。チークを入れる位置で顔年齢の印象が変わります。チークの位置が低ければ、目につくポイントが下に下がってしまうため、老けた印象に。逆にチークの位置が高ければ、若い印象になります。

❸ りキッドチーク
（指、スポンジ、ブラシ）

液体状のりキッドチークは、肌の奥からみずみずしい発色と透明感のある肌に仕上がります。

塗り方は、付属のチップでほおの一番高い所に少しずつ置いていき、次に指かスポンジを使って、トントンとたたき込むようになじませてください。

また、ムラがでないように、りキッドチークもお粉をはたく前に塗りましょう。

クリームタイプもりキッドタイプも、大切なことは、塗る順番です。ファンデーションがパウダーなのかりキッドなのかで、塗る順番（下記参照）が変わってきます。

【チークを塗る順番】

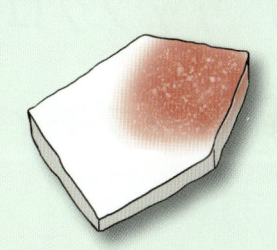

・パウダーファンデーション

下地を塗ったあとに、いきなりクリームチークを少し濃い目に塗ります。その後で、パウダーファンデーションを重ねます。

・リキッドファンデーション

従来のやり方通り、ファンデーションをのせた後でチークを塗ります。両方とも油分の多いタイプなので、自然となじむでしょう。

【チークで小顔効果も！】

ほほの一番高い所から目尻に向かって、引き上げるように入れていくと、リフトアップ効果があります。また、トーンの暗い色を入れると、血色が悪く見え老けた印象になりがちなので、明るめの色を選びましょう。

私に最適なリップは？
リップの種類

? 数あるリップコスメの中で最適なリップはどれ？

! いろいろなシーンに合わせてリップを使い分けましょう！

　リップの種類はリップスティック、リップグロス、リップティントの3タイプがあります。それぞれの特徴を理解して、TPOにあわせて使い分けましょう。また、〝合わせ技〟も重要です！

ポイントは……

1 リップスティック

2 リップグロス

3 リップティント

【リップティント】

　リップティントは、韓国発祥のコスメアイテムで、ティントという語源は、英語で色が染まることを示唆する「tint」が由来です。2017年から流行に敏感な女の子達の間で人気を集めています。

① リップスティック

もっともスタンダードなのが口紅。幅広い年齢層に使用されています。各ブランドからのカラー展開も豊富で、唇へのフィット感が高く、塗り方次第でいろいろな表情をつくってくれるのも口紅の特徴です。

口紅のタイプとして「シアータイプ」と「マットタイプ」があります。

・シアータイプ

ツヤがあって、透けるような質感が特徴です。色がしっかりとつかないぶん「塗りました」という感じがなく、自然な感じでツヤがでるので、唇の色味を活かしナチュラルメイクに仕上げたいときや、口紅になれていない人にも使いやすいタイプになっています。

・マットタイプ

シアータイプとは反対で、ツヤ感が抑えられマットな

チーク・リップ

質感でくっきりと描きやすく、しっかりと色がつくタイプです。唇にポイントをもってきたメイクを楽しみたいときや、しっかりとしたメイクやあらたまった席にもオススメです。

 【リキッドルージュて何？】

ルージュ×グロスのハイブリットコスメです。液状の中味にチップやブラシ、スパチュラなどの塗布具がついている容器が多く、口紅のような発色でリップグロスのような高いつや感と透明感のあるふっくらとした唇を演出することができます。

② リップグロス

グロスはもともと透明やラメが入ったもの、薄ピンク・ベージュ系にほんのり色つく程度のもので、艶を与えるための〝仕上げ〟として使う方が多かったのですが、最近では、「グロス一本で十分なのでは？」と思う発色を見せるものもたくさん存在します。

※口紅・リキッドルージュと比較すると淡い発色となります。
口紅ほどしっかり発色を求めてないけれども、唇を健康的な色味に見せたくて、なおかつ潤いも同時補給したい！そんな方にオススメです。

【リップグロスの特徴】

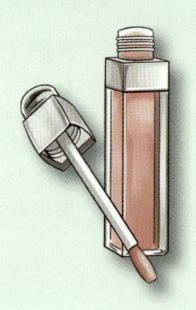

リップグロスは、英語で書くと〝Lip gloss〟。つまり直訳どおり、〝艶〟や〝光沢〟を唇に加えるアイテムです。
口紅の上に塗り透明感をだしたり、グロスのみでナチュラルに仕上げ、潤いをだすことのできるアイテムです。
最近ではグロスだけでもルージュ並の発色をさせる高機能なものもあります。

【クレヨンリップって何？】

最近話題のクレヨンリップ。クレヨンのようにさっと塗れて発色も良く、リップ下地としても使える優れものです。ポイントは、何度も重ね塗りをせずに「ちょっと薄いかな？」と思う程度に塗ると本来の発色が綺麗にでます。

③ リップティント

　リップティントのメリットは、なんといっても一般的なリップやグロスに比べてはるかに色落ちしにくく、つけたときから時間とともに発色が鮮やかに持続します。食事の際にも色落ちの心配がなく、メイク直しの手間も省け重ね塗りが可能なため、3Dのような立体的なメイクを作ることができます。やり方しだいで好きなように濃淡をつけ、見た目の唇の厚みを変えることもできます。

　その反面デメリットとしては、唇の皮膚を直接染めているので、色素沈着が起こりやすく、唇が乾燥し荒れやすくなるというところです。こちらに関しては、乾燥肌の人や肌荒れしやすい人は、事前に保湿用のリップクリームを塗っておくことをオススメします。

チーク・リップ

【リップティントの特徴】

　リップティントとは、唇の角質層に色を染み込ませ色を落ちにくくキープさせるためのアイテムです。

　唇を直接染めるので、色合いは体温によってやや変わります。血色の良さがカラーに直接反映されるので、同じカラーでも人によって少し色味が違うオリジナルの発色が期待できます。

【口紅にまつわるエピソード】

　江戸時代に京都で作られた上質の紅は「京紅」とよばれ、同じ重さの金に匹敵する価値をもつ高級品でした。男性が意中の人の好意を得る決定打として贈り物に重宝されていました。また、口紅を塗る動作を「紅を引く（べにをひく）」と表現し、古くは薬指のことを「紅差し指」ともよんでいたそうです。

リップの色選び

？ つけるリップで雰囲気は変わりますか？

！ TPO に応じてリップの色味を使い分けて、イメージチェンジしてみましょう！

　自分の肌色がイエローベース（イエベ）か、ブルーベース（ブルベ）かを知り、それぞれの特徴や似合う色味を研究しましょう。イエベかブルベかの診断方法は、手首の裏側の血管（静脈）の色や白目の色、手のひらの色などで見分けましょう。

【静脈で見分ける】
　　緑色ぽく見える方→イエベ　青や赤色ぽく見える方→ブルベ

【白目で見分ける】
　　黄色ぽい→イエベ　青っぽい→ブルベ

【手のひらで見分ける】
　　オレンジや黄色ぽい→イエベ　青みや赤みが強い色→ブルベ

ポイントは……

1 赤リップで華やかに！

2 オレンジリップで健康的に！

3 ピンクリップでかわいらしく！

【口紅の色選びのコツは？】

　口紅の色選びで、いざ買ってみてもイメージしていた理想と実際につけてみたときのギャップにとまどったという経験をされた方も多いのではないでしょうか。唇の色によって発色が変わってきますので、必ずテスターを使って確認しましょう。

❶ 赤リップで華やかに！

心理的に大胆になれる赤は女性の強い味方。一口に赤といっても、なりたいイメージや似合う質感やメイクの特徴、塗り方はさまざまです。

ツヤのある鮮烈な印象の赤は、童顔さんも大人顔に。洗練されたこなれ感を醸しだすならマットな赤を。果実のようにジューシーでフレッシュなイメージにはシアータイプの赤をと、シーンごとに使い分け、ブラシや指でなじませて流行の「赤い口紅」を楽しみましょう。

チーク・リップ

【リップの選び方】

・イエローベース

日本人に多いといわれるイエベさんは、目が覚めるように鮮やかに発色する朱赤系のブライトカラーや、暖かみのあるトーンの赤リップが似合います。

・ブルーベース

ブルベさんは、透明感のある寒色系や、色白肌に映える青みがかった色が特徴のベリー系やローズ系の赤リップが似合います。

【パーソナルカラーって何？】

パーソナルカラーとは、もって生まれたボディーカラー（肌の色、瞳の色、髪の色など）をもとに個人（Personal）に似合う色（Color）を診断する手法です。自分に似合う色がわかれば、よりいっそう魅力を引き立てることができるでしょう。

② オレンジリップで健康的に！

　オレンジは、女性らしさを損なわずに抜け感をだせる、健康的な〝あか抜けカラー〟。

　ビビットなオレンジから落ち着いたオレンジ、くすんだオレンジなど、色のバリエーションもさまざまで、唇のくすみ対策としても効果的な色味です。唇の色がくすんで理想通りに口紅が発色しないときの下地としても効果大！

　また、初心者さんにもオレンジのクリアリップは若々しく元気なイメージでオススメです。

【リップの選び方】

・イエローベース

　イエベさんには朱赤系オレンジは似合いやすい得意な色！

　ただし、黄味が主張し過ぎるオレンジは、肌が濁って見える場合があるので、熟した柿のような赤味の強いオレンジを選ぶと、肌が比較的白く澄んで見えます。

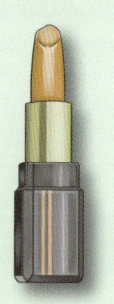

・ブルーベース

　ブルベさんは、オレンジの中でもコーラル系がよく似合います。

　また、シアー感のあるピンクよりのオレンジも、透明感のあるブルーベースさんの肌色をよりいっそう引き立ててくれます。

【春・秋タイプのイエベさん】

　可愛らしく親しみやすい若々しいイメージの春タイプのイエベさんは、澄んだ明るいクリアな色や黄色味のあるオレンジ色などが似合います。一方、シックで大人ぽい秋タイプのイエベさんは、黄味でスモーキーなブラウンやカーキなどが似合います。

③ ピンクリップでかわいらしく！

　女性らしいかわいいメイクには、ピンクリップが必要不可欠。主張が強すぎないピンクリップは、一本あれば幅広いメイクにあわせられそうですが、いざ塗ってみると色味がしっくりこないなんてことも・・・。

　ピンクリップが似合う人と似合わない人の違いは何なのでしょうか・・・？

　そこで、生まれもった肌の色や髪色で決まる〝パーソナルカラー〟に注目し、各々に見合った、ピンクリップを選んでいきましょう。

チーク・リップ

【リップの選び方】

・イエローベース

　肌の黄味が強いイエべさんは、青み系のピンクリップはあまり似合わず、血色を悪く見せてしまうことがあるので、ベージュピンクやコーラルピンクなど、黄味を感じさせるピンクリップが肌色にマッチします。

・ブルーベース

　肌の青みが強いブルべさんは、基本的にどんなピンクリップも肌色に馴染みやすく、とくに青みの強いパープルがかったピンクや透明感のあるミルキーピンクが相性が良く、肌色にマッチします。

【夏・冬タイプのブルべさん】

　知的で上品、エレガントな雰囲気の夏タイプのブルべさんは、青み系の明るいソフトなローズピンクやラベンダーなどが似合います。一方、シャープでクールな雰囲気の冬タイプのブルべさんは、青み系の暗く上品なワインレッドやロイヤルブルーなどが似合います。

グロスべったりを軽減！

❓ 塗りすぎてしまったグロスには・・・？

❗ グロスの液状は、柔らかくて油分が多いので塗る量を加減しましょう！

　グロスを塗りすぎてしまうと、まるで油ものを食べたときのようにギトギト・ベトベトして見えたり、誤って髪についてしまいます。そんな塗りすぎてしまった際の対処方をご紹介します。

ポイントは…… 　グロスの基本的な塗り方は、リップクリーム → 口紅 → グロス の順に塗ります。

① パウダーを使う

② ティッシュでオフする

③ 口紅の前に塗る

【リップグロスの誕生】

　リップグロスは平成になって登場したアイテムで、当初は唇全体に塗りツヤをだす使い方が主流でしたが、近年ではツヤをだすだけでなく、唇に立体感をだしたり美容液成分により唇の荒れも軽減しながら、可愛らしく色付くものなどさまざまな用途にあわせたグロスが増えています。

❶ パウダーを使う

口紅を塗った後にフェイスパウダーやベビーパウダーをさっとひと塗りすることで、余分な皮脂をパウダーが吸収してくれるので、べとつきを抑えて髪の毛が唇につくのを防ぎます。

また、グロスを塗った後にも同様にパウダーをつけ油分を抑えることで、余分なグロスが落ち着いて見え自然な印象の唇を演出できます。

チーク・リップ

【グロスで唇だけ浮く?!】

メイクはリップだけでなく顔全体のバランスが重要です。

リップグロスだけを使ってナチュラルメイクをしているつもりでも、唇だけが浮いているなら色が

あっていません。

また、必要以上につけすぎていると、馴染みにくく唇だけ浮いた印象になることを避けるためにも、パウダーで馴染ませるとよいでしょう。

【ナチュラルに仕上げたい！】

口紅の色をじゃましない透明グロスや、色味をたしてくれるピンクやオレンジのカラーグロスは口紅よりもナチュラルに仕上げたいときに！　豪華に見せてくれるラメ入りグロスは、特別な日に！　など・・・自分のなりたい唇にあわせてメイクを楽しみましょう。

❷ ティッシュでオフする

　グロスを唇全体に塗った後に、ティッシュでオフにすることができます。グロスをつけたままの状態にしておくのではなく、ティッシュを口に挟んで余分なグロスを拭き取ることは重要です。

・ティッシュでオフした後、更に塗る
　ティッシュオフをしてから、もう一度グロスを塗ると取れにくくなります。ティッシュオフのひと手間が大切です。グロスの塗りすぎもありえるので、一旦塗ったあとにティッシュオフをし、重ねてグロスを塗ると唇にきれいにグロスが塗ることができます。

【ティッシュオフすることで・・・】

　2～3回ほどティッシュで唇を軽く抑えて、余分な口紅やグロスを落としましょう。
　余分な油分やベタつきが抑えられると、しっかりと唇に馴染むので、違和感のない自然な潤い感が保てます。
　また、数回に分けてティッシュオフを繰り返すことで、口紅やグロスの色持ちが持続されるので、この一手間が重要になります。

【黒のグロス?!】

　使いづらいイメージのある黒のリップグロスですが、ピンク系の口紅の上に重ねると彩度を下げて落ち着いた印象に、鮮やかな赤色の口紅に重ねると上品な印象にと、大人っぽい雰囲気を演出できるグロスです。秋冬のリップメイクにもオススメです。

❸ 口紅の前に塗る

　グロスの基本的な塗り方は前述しましたが、流行の濃い色リップの色味を自在に調整してくれるアイテムとして、グロスを口紅よりも先に塗る〝逆転発想の小ワザ〟で、リップの色味に変化とテクニックをもたせましょう。

　濃い色リップの前に、薄く均一に伸ばすことで、口紅の色が目立ちすぎるのを緩和します。ポイントは、指でポンポンとたたき込むようにしてつけましょう。横に馴染ませるとグロスがヨレて発色が悪くなるので注意しましょう。

　グロス → リップで自然な印象に！

チーク・リップ

【逆転発想の〝ワザ〟！】

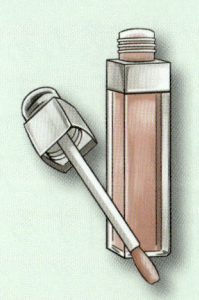

　似合わないリップグロスを選んでいると、色によっては顔色が悪く見えてしまうことがあります。

　とくに、ベージュ系のヌーディグロスやくすんだ色の場合は注意が必要です。

　肌がくすんで見えたり、全体のバランスが崩れたりしないように、グロスを先に延ばしてからリップを塗ると発色が綺麗にでます。

【唇ケア！】

　唇ケアでリップグロスをより魅力的にみせましょう。ワセリンやリップクリームなどを使って優しく指でマッサージしたり、リップパックはオイルやはちみつを唇に塗って、ラップで5〜10分ほど唇を保護するとプルプル唇に！

口紅が乾燥して
がさがさに・・・

？ 口紅を塗ると何故乾燥するの・・・？
どうケアすればいいの？

！ 口紅を見直したり、お手入れ次第で改善できます！

　口紅自体の刺激もありますが、唇の皮膚は他の部分よりも薄いので荒れやすく、皮脂腺や汗腺がないため潤いにくいのも原因です。口紅を見直したりお手入れ次第で改善することができるので、早めにケアをしてぷるぷる唇を取り戻しましょう。

ポイントは……

1 リップ下地を
縦に塗る

2 ツヤ感のあるタイプ
の口紅を使用する

3 色つきリップクリーム
を使用する

【NG な生活習慣】

　唇の乾燥を招く NG な生活習慣として、水分不足による乾燥、摩擦や汚れ、体調不良、食生活の乱れ、口呼吸や、唇を舐めてしまう癖等があげられます。規則正しい食生活や、こまめな水分補給など適切な対策を心がけ、乾燥知らずの潤い唇をキープしましょう。

① リップ下地を縦に塗る

顔にファンデーションを塗る前に下地をつけるように、唇用の下地にもさまざまな種類があります。くすみや色むらを整えて唇の凹凸を補正しリップメイクの発色をよくする効果のものや、保水力に優れ保湿効果の高いものなどがあります。

下地を塗る際のポイントは、縦に塗ることです。唇のシワが埋め込まれて目立たなくなり、表面がツルッとして、後からつけるリップの発色が断然キレイに仕上がります。

そのほかにも、忘れがちな唇の UV ケアに特化したものなど多数あるので、口紅とあわせて選んでみましょう。

チーク・リップ

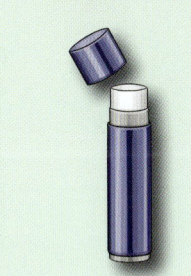

 【唇はとってもデリケート！】

唇には毛穴がなく、皮脂腺や汗腺がないので皮脂膜ができず、自分の力でうまく水分や油分の調節ができません。皮脂腺をうまくだすことができないので、細菌が繁殖したり、角質層が薄いため、粘膜のように外部からの刺激を受けやすくなってしまいます。

② ツヤ感のあるタイプの口紅を使用する

　リップメイクのあと乾燥を感じるようなら、潤い成分が配合されている口紅やリップグロスに変えてみましょう。

　ツヤのある膜が唇に密着することで、美しい発色や潤いが長く持続して唇を守ります。

　最近では、リップ用美容液が配合されていて、保湿、くすみカバー、口紅下地、ティント効果もある1本4役や5役の効果のある製品なども多く見られています。

　また、パール入りの口紅はパール自体の輝きや、光の拡散効果で唇のしわが目立たなくなるで荒れをカバーして見せてくれる効果があります。

【ツヤ感の重要性?!】

　顔の印象を大きく左右するパーツといえば〝リップ〟です。

　なんと、心理学において〝素の唇の美しさ〟や〝リップカラー〟は、見る人に与える印象はもちろんのこと、自分自身

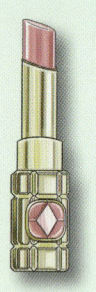

の心理にも影響を与えるといわれています。素敵なカラーリップをつけている方や、唇自体が潤いある〝プルプル唇〟なら内側からも魅力があふれているように見えるそうです。

【潤う唇はクレンジングが鍵！】

　そんなデリケートな唇のケアで大切なことはクレンジングです。紫外線や、口紅の洗い残しによる色素沈着を予防するためにも、専用リムーバーでやさしくクルクルとなでるようにクレンジングしましょう。

③ 色つきリップクリームを使用する

　口紅で荒れてしまう方は、香料や合成着色料を使用していない色付きリップクリームがオススメです。

　保湿力の高いリップクリームと、唇を鮮やかに彩る口紅のいいとこどりができちゃうのが〝色付きリップクリーム〟です。秋冬の乾燥しがちな唇も、色付きリップならナチュラル発色で、若々しく可愛い印象に！

　それでも荒れてしまう方には、オーガニックの色付きリップクリームをオススメします。

　最近は、薬局等で購入できるプチプラリップも種類が豊富なので、唇に合う１本を探してみましょう。

チーク・リップ

【プチプラ優秀リップ】

　口紅やティントタイプなどで唇が荒れてしまう方や、ナチュラルなメイクを楽しみたい方にとくにオススメです。

　プチプラなのに口紅に引けを取らないほど発色や色持ちが良く、唇のケアも同時にできるアイテムなど豊富にそろっています。

　お気に入りの１本を見つけたり、シーンや TPO にあわせて使い分けることもオススメです。

【唇荒れの要因は？】

　口紅で唇を荒らしてしまう要因の一つに、数年以上同じ口紅を使っていることがあげられます。口紅は油分が多く、脂は経年で酸化するため開封後１年目安で使用することが望ましいです。また、口紅の伸びが悪くなったり、古い油のニオイがする際は替え時です。

厚さも自在！ リップの塗り方

 唇に厚さを持たせるメイク方法は？

！ メイク道具を使いこなして理想の型へ

　唇は顔の皮膚のなかでも薄く、デリケートな部分なので乾燥しないように、まずはリップクリームで保湿をしてから好みの唇の型にメイクしていきましょう。

ポイントは……

1 唇を保湿しましょう！

2 コンシーラーと リップライナー

3 口紅を塗りましょう！

 【塗る方向は？】

　たいていの人は、リップクリームを横に塗っていませんか？　しかし、実は NG な塗り方なんです。横に往復させて塗ると、摩擦でシワが深くなってしまう可能性があるため、縦に優しく塗ることでシワに成分が行きとどきしっかりとケアできます。

❶ 唇を保湿しましょう！

リップクリームの使用目的は、唇と外気との間に薄い油膜を作ることです。唇は角質層が薄く粘膜がむきだしになっているため、ほかの皮膚よりも外気の影響を受けやすく、リップクリームを塗ることで乾燥を防げるほかに、成分によっては口内炎、口角炎、単純疱疹の治療にも用いられます。

リップクリームは未開封なら３年、一度開封したものなら永くても半年以内には使い切るのが理想です。正しいリップケアで潤いに満ちた唇を手に入れましょう。

チーク・リップ

【リップクリームの選び方】

・成分のダメージ

唇が荒れる原因は、乾燥だけではなく、成分がダメージとなり皮膚が炎症を起こしてしまうこともあります。リップクリームは用途によって使い分けましょう。

・普段の保湿は〝化粧品〟
・荒れを予防するなら〝医薬部外品〟
・ガサガサ唇・皮むけなど治療でも使われるのが〝医薬品〟です。

【塗るタイミングは？】

リップを塗るベストなタイミングは、唇の油分が取れて乾燥しやすい洗顔後、歯みがき後、お風呂上がりの１日３〜５回程度を目安にしましょう。また、乾燥がひどいときには、リップクリームやワセリンを塗り、ラップでパックするとツルツルに！

② コンシーラーとリップライナー

　リップクリームで十分に保湿をしたら、リップライナーとコンシーラーを用いて唇の輪郭を描きましょう。
　リップライナーの発色を良くするためにリップコンシーラーで唇の色味を消しましょう。リップコンシーラーがない場合は、ファンデーションを軽くのせるか一般的な肌用のコンシーラーでも代用できます。その次に、リップライナーで唇の輪郭を描き好みの型や厚みに近付けましょう。リップライナーを使用することで、唇の輪郭を整えたり、口紅のにじみを防いだり、リップメイクの持ちを良くすることができます。

【リップライナーの選び方】

　初めての人は、柔らかくて繰り出し式のタイプがオススメです。力加減が弱くてもしっかり描け、持ちやすいものが良いでしょう。
　鉛筆タイプのものもありますが、使い続けるうちに短くなって描きにくくなってしまうので、慣れるまでは練り出し式のタイプのものが使いやすいです。
　リップライナーは、自分の唇にあった色味で、口紅の色にあわせて使い分けるという方が多いですが、リップライナーは〝唇の形を整える〟ものなので、自分の唇にあう色を選びましょう。
　注意すべきポイントとしては、口紅の中心ではなく、輪郭ギリギリの色味にあわせると不自然な印象になりません。

【唇のクレンジングは？】

　寝る前にリップクリームを塗ってから眠る方はいませんか？　睡眠時の肌の再生機能を妨げてしまう可能性もあるので、寝る前はしっかりと唇のクレンジングをして、リップクリームではなくワセリンを塗って寝るのがオススメです。

❸ 口紅を塗りましょう！

　リップライナーの線に口紅が重なるように口紅を馴染ませましょう。その際に、リップブラシでぼかすと自然に馴染み、崩れにくいリップメイクに仕上がります。

　そして、リップライナーを口紅よりも濃い色にするか、薄い色にするかは、メイクの仕上げ方で選ぶと良いでしょう。口紅よりも濃くすると、かっちりした印象になり、薄くすると、ナチュラルだけれどもぼやけない唇に仕上がります。

　また、リップライナーを薄くすることで、濃い目の口紅をカジュアルダウンすることもできます。なりたいイメージの唇と、TPO にあわせて使い分けてみましょう。

【リップライナー＋口紅＝なりたい唇 に！】

　海外セレブのようなセクシーな唇を描きたいときは、普段使っている口紅よりも暗めの色のリップライナーを使い、上下の口角をリップライナーで塗りつぶして影を作り立体的に仕上げましょう。

　清楚系なメイクにあう女性らしいリップに仕上げたいときは、口角のみにリップライ

ナーを描きましょう。

　口角がキュッと締まって見えるので、若々しさもアップします。

　ナチュラルメイクにあう自然体なリップに仕上げたいときは、リップラインは上下のみ描くのがポイントです。

　口紅と同色か薄めの色を選び、指でぼかすとナチュラルなリップメイクに仕上がります。

 【リップライナーの色味】

　リップライナーにもたくさんの色味がありますが、その中でもベージュのリップライナーは、唇の赤み消しや輪郭をぼかし、ナチュラルなリップメイクや、口紅の色をより鮮明に引き立たせる際に使用することもオススメです。

すぐ落ちてしまうリップには

？ 口紅はなぜ簡単に落ちてしまうのでしょう？

！ リップライナーやリップブラシを使いましょう！

　唇はお顔のパーツの中でも良く動く部分でもあり、リップが落ちる最大の原因は食事やお茶です。しかし、塗り方をちょっと工夫するだけで、口紅を落ちにくくすることは可能です。

ポイントは……

① リップライナーで塗りつぶす

② リップブラシを使う

③ ティッシュオフする

【リップラインは？】

　自分の唇のラインをなぞるのが基本ですが、本来のラインから外側にはみださせるとふっくらとしたセクシーな唇になり、内側にすると唇が引き締まり知的な印象に仕上がります。
　また、唇の山をなだらかに描くと柔らかく親しみやすい印象に、シャープに描くとクールな印象に仕上がります。

① リップライナーで塗りつぶす

多くの口紅は、顔料や色素など色を作る成分と、唇に色を密着させて口紅の質感を作る油分、それから酸化防止剤などの添加物からできていますが、リップペンシルは、通常唇を縁どるための道具で、色を作る顔料や色素の配合量が多く油分が少ないのが特徴です。

そのため、口紅と比較して色落ちしにくく色もちが良いので、口紅を塗る前にリップライナーで唇を塗りつぶすことで、リップメイクを長もちさせることができます。

チーク・リップ

【リップライナーの選び方】

リップライナーにはペンシルタイプだけではなく、最近ではクレヨンタイプのものがあります。

ペンシルタイプは固めでくっきりとしたラインが描け、クレヨンタイプは柔らかくぼかしやすいという特徴があります。

なりたい仕上がりやTPOにあわせて選びま

しょう。

ペンシルタイプは、リップメイクを崩したくないときやマット、セミマットの口紅とあわせたいときにオススメです。

また、クレヨンタイプは、グロスやシアーな口紅とあわせるのがオススメです。

【アイドルのリップメイク】

90年代のアイドル全盛期は、クッキリと縁どられたリップラインと濃いめの口紅でコントラストをもたせ、透明グロスで仕上げるのがトレンドでした。最近も濃いリップはトレンドですが、濃い色味を塗る際にはラインと口紅にコントラストをつけずにブラシで馴染ませると今っぽく仕上げられます。

② リップブラシを使う

　口紅を塗る際にリップブラシを使うと、口角など細かい部分まで描きやすくなり、直塗りより断然キレイな唇を作れます。

　また、リップブラシを使うことで、口紅の量も調節しやすく縦シワがあってもムラなく均一に塗れます。また、厚塗りを防ぐことができるので唇に密着させやすくなります。

　塗り方のテクニック次第で、唇のフォルムを際立たせたり、グラデーションを効かせて立体的に塗ったりと、さまざまなアレンジが可能になります。

　なかにはブラシを使ったことのない方もいるかもしれませんが、絵画のように、顔面を画用紙に見立ててなりたいリップをブラシで演出してみましょう。

【リップブラシの選び方】

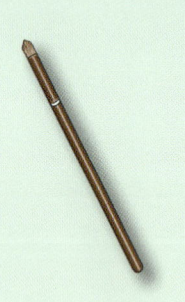

　リップブラシの形状はメーカーによってさまざまですが、ブラシ部分の形は大きく分けて、毛先がまっすぐ切り揃い広い面の塗りつぶしに適した平型と、細かいラインの引きや すい山型の穂先の2種類に分類されます。

　ビギナーが1本目として購入するなら、オールマイティに使えてナチュラルに仕上げられる平型がオススメです。

【重要なクレンジングと保湿】

　マットな質感の口紅やティントタイプも最近のトレンドで、これらは〝落ちにくい〟という利点がありますが、きちんと落とさないと唇が荒れてしまうという欠点もあります。専用リムーバーでしっかりクレンジングし、クレンジング後は、肌と同様にしっかりと保湿してあげることが大切です。

3 ティッシュオフする

　リップメイクする際、〝ティッシュオフ〟をしないという方が多いのではないでしょうか。

　口紅を塗ってしばらく待って口紅が馴染んだなと思ったら、唇でティッシュをギュッと挟み、さらに、唇の上から軽く押さえてティッシュオフしましょう。これで、余分な口紅がとれ唇に自然に馴染みます。その後でもう一度口紅を塗ると、口紅が落ちにくくなり色もちをキープできます。

　さらに、この行程を数回切り返すことでより落ちにくくすることができます。

　※カップに口紅ベッタリや、歯紅さんにならないように、ティッシュオフの一手間で美しく保ちましょう。

【飲食時の配慮で落ちにくくする！】

　食事中はどうしても口紅が落ちてしまいますよね。でも、会食などで食事中こそ口紅がもってほしい、なんてこともありえますよね。

　食事のときは、箸やフォークを唇にあてないように食べましょう。食べ物を口の中に置くように食べると良いようです。

　その際、食べ物を小さく切って口に入れるのもポイントです。

【イタチの毛 !?】

　リップブラシは、大まかに天然毛（イタチやイタチ科のコリンスキーの毛等）と、ナイロン製ブラシの2種類に分類されます。前者は、人間の髪の毛と同様キューティクルがあるため、肌触りも良く弾力性に富み、しなやかで伸びが良く、口紅も少量で綺麗な輪郭が描けます。後者は、イタチ毛に似せた性質で、取り扱いが楽で安価なものが多いです。

コラム4
顔と頭のたるみに効果的なツボは？

頭から首にかけては、なんと50カ所以上ものツボが点在しているといわれています。頭をマッサージして血流を促すと髪や頭皮のトラブルだけでなく、フェイシャルの悩みや全身のコリにも効果的です。頭皮と顔は一枚の皮膚で繋がっているので、頭皮のタルミを改善することでリフトアップや小顔効果も期待できます。頭の筋肉は、顔の筋肉を引き上げる役割があり、頭の筋肉が固まると顔の筋肉を支えられなくなり、老化やたるみの原因になります。頭や、リンパのマッサージなどを行い血流を促すことで、顔のくすみ改善にも効果的です。

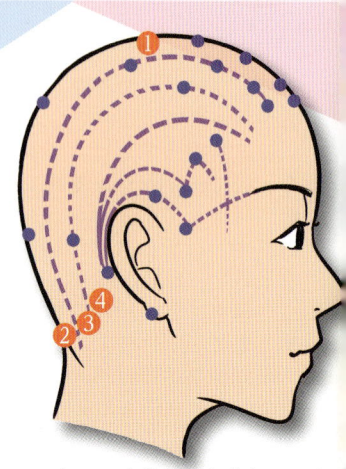

＜頭に点在するツボと経路図＞

ツボを刺激して血流や氣の流れを良くすることで、人間が本来持っている自然治癒力を高めたり、内臓の働きを活発にすることができます。身体の不調があるときにも薬に頼らずツボを刺激することで、回復力を高める効果も期待できます。

①百会（ひゃくえ）

耳と耳を結んだ頭のてっぺんあたりです。このツボは、リラックスをするツボで、自律神経を整えたり、頭痛やめまいなどにも効くツボで、痔の改善にも効果的です。抜け毛対策にも百会のツボ押しは効果的です。抜け毛というのは神経と密な関係性があり、睡眠時間が短かったり、良質な睡眠を得ることができなかったりすると、抜け毛が起こりやすいと

のことで、自律神経を整える百会が抜け毛にも効果がでるそうです。

②亜門（あもん）

ここは、首の付け根の真正面のくぼみのある場所で、耳や鼻、頭の不調があるときには効きます。ここを刺激するとよく鼻が通るといわれるツボです。また、不眠症の人や言語障害がある方などには効果的です。

③天柱（てんちゅう）

あもんの両隣にあるまたくぼみのある場所で、目や鼻の不調に効くツボです。あもんのとなりなので鼻の通りが同じくよくなります。とにかく、目に効くツボで、疲れ目や肩こり、血圧の安定にも効果的です。

④風池（ふうち）

このツボは、天柱のさらに外側両隣にあります。ここは、首のところのツボを全て集めたような、頭痛、耳の不調、鼻の不調、肩の痛み、血行促進、眼精疲労などに効果的です。

早わかり

第5章 メイク直し

話のネタ帳

ベースメイク直し

 メイク直しはどうするの？

基本的なメイク直しのテクニックがあります！

　朝メイクを綺麗に仕上げても、夕方には顔色がくすんで見えたり、ファンデーションがヨレたりテカったり・・・そんな崩れやすいベースメーク直しのテクニックや裏技をご紹介します。

ポイントは……

1 ミストローションで保湿しましょう！

2 ティッシュオフしましょう！

3 パウダーファンデーションを使いましょう！

 【ベース作り】

　乾燥肌でパウダーファンデを使うとカサカサしてしまうという方は、ファンデーションを塗る前のベース作りで変わってきます。洗顔後3分間化粧水を浸したコットンでパックし、乳液やクリームでカバーすると潤います。

① ミストローションで 保湿しましょう！

　ベースメークの崩れは、皮脂などの油分とお肌の乾燥が要因になることが多く、お顔のパーツごとにメイク直しの方法が変わります。

　まず、ベースメークではTゾーンを中心に、ティッシュで肌を押さえて余分な皮脂をオフしましょう。

　次に、ミストローションをお顔から少し離してシュッと吹きかけます。余分な水分をティッシュで軽く抑えると、汚れや浮いたメークがオフできます。

　ミスト状のローションがメイクの肌なじみを良くし

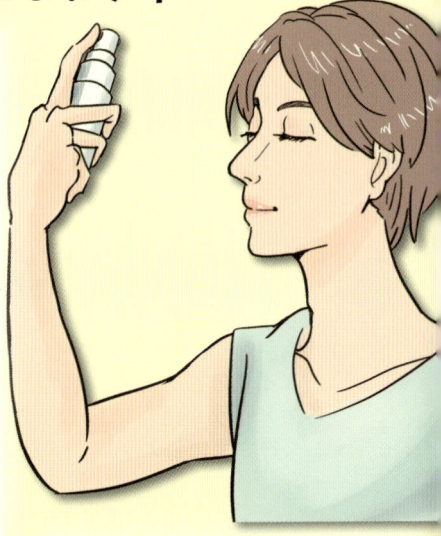

て、密着率もUPします。

【ミストローションの選び方】

　ひとことで〝ミスト化粧水〟といっても、たくさんの種類があります。

　乾燥肌に悩んでいる方にあったものから、テカリ肌にお悩みの方にあったものまで、肌トラブル・肌のタイプにあわせてミストを選びましょう。

　乾燥が気になる方は保湿効果の高いものを、テカリが気になる方は皮脂コントロールや毛穴を引き締める効果が期待できるものを！

【Tゾーンは？】

　消えかけた眉毛を化粧直しの際に描く場合は、ベースメーク同様に余分な汚れや皮脂を取り除いた後、眉毛もパウダーで押さえてあげましょう。眉毛の生えているTゾーンは皮脂の分泌が盛んな部分なため、お化粧がヨレやすく取れやすくなります。パウダーを薄くのせてあげることで、綺麗な眉毛が描け消えにくくなります。

2 ティッシュオフしましょう！

　ミストローションで余分な皮脂や汚れをティッシュオフできたら、次は、崩れがとくに気になる部分を乳液でオフしましょう。コットンに少量の乳液をつけ、とくに崩れが気になる部分をサッと拭きましょう（※乳液のつけすぎに注意！）。

　こうすることで、メイクオフと保湿が完了します。そしてメイク直しが済んだら、もう一度ミストローションをシュッと吹きかけティッシュオフすると、お直ししたメイクがお肌と馴染み密着力が UP します。

　※メイク直しの際は、肌をこすったり強く押したりするとメイクが落ちてしまうので、こすらずにそっと優しく押さえましょう。

【乳液の選び方】

　肌タイプにあった乳液選びが大切です。乾燥していると、油分が必要かと思いがちですが、一般的に 30 代までは油脂の分泌量が足りているといわれています。自分の肌質を知り、見合ったものを見つけましょう。

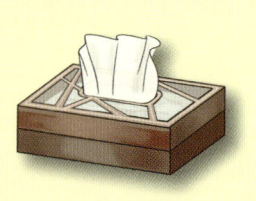

・乾燥肌の方
　セラミドなど保湿成分がたっぷり入ったもの。
・脂性肌の方
　油分が控えめで、保湿力が高いもの。
・敏感肌の方
　無香料、無着色、無鉱物油、アルコールフリーやパラベン無添加のもの。
　が理想です。

【さらさら肌をキープ！】

　あぶらとり紙を正しく使って、さらさら肌をキープしましょう。肌に必要な皮脂まで取り過ぎないように皮脂分泌の多いTゾーンと顎にそっと皮脂を吸い取らせるイメージで優しくあてましょう。乾燥が気になるときはティッシュオフがオススメです。オフしたらミストローションで保湿を忘れずに（このひと手間が余分な皮脂の分泌を防ぎます）！

③ パウダーファンデーションを使いましょう！

　ローションと乳液でベースメイクをオフしたら、パウダーファンデーションでベースメイク直しを仕上げましょう。

　ミストローションと乳液の効果で、粉っぽくなりがちなパウダーファンデーションもしっかり肌になじんでくれます。その際に、フェイスブラシを使うのもオススメです。ブラシにファンデーションを薄く均一に取り、一旦ティッシュの上で表面に浮いた粉を馴染ませます。最初に取った量で目の下から頬へ、半顔ずつササッとブラシを動かしましょう。

　ポイントは、皮脂でヨレやすい額は、ごく薄く塗って自然な艶を出し、小鼻はクルクルと毛穴を埋め込むようにすると綺麗に仕上がります。

【フェイスブラシを使う利点】

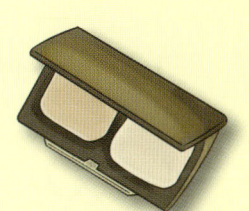

　ファンデーションを塗る際に多くのプロがブラシを使う理由は、手やスポンジよりも断然綺麗なツヤがだせ、肌馴染みが良く冬の乾燥にも効果的であるからといわれています。

　少量のファンデーションをムラなく塗ることができるため、薄くナチュラルに仕上がりブラシの毛先がキメや毛穴の細かい凹凸にまでファンデーションをなじませてくれるので、肌にぴったりと密着してメイクが長もちするそうです。

メイク直し

【余分な皮脂を出さないための工夫】

　余分な皮脂をださないための工夫をしましょう。肌の水分量が足りていれば、余分な皮脂はあまりでません。テカルほど皮脂がでてしまうようなら、それは保湿対策が足りていないサインかもしれません。皮脂がで過ぎないようにすればニキビ予防にもなりますので、日頃のライフスタイルやスキンケアを見直してみましょう。

ポイントメイク直し

 メイク直しはどうするの？

基本的なメイク直しのテクニックがあります。

　ベースメイク直しが完成したら、次はパーツごとにヨレてしまった部分を仕上げましょう。時間の経過とともにヨレやすい場所は、アイメイクやリップ、眉ですが、細部は道具を駆使して綺麗に仕上げましょう。

ポイントは……

1 綿棒を駆使する

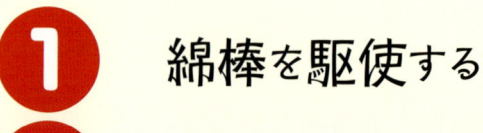

2 コンシーラー

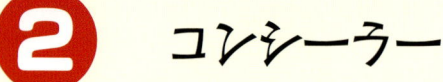

3 ルースパウダー

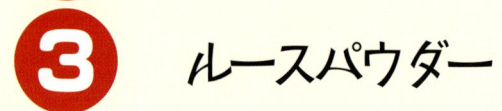

 【美の三角ゾーン！？】

　眉間、鼻のまわり、目の下の〝三角ゾーン〟がキレイなら、肌は美しく見えます。顔の中でいちばん目立つ部分でもあるので、テカリを見つけたらティッシュオフと保湿を。

① 綿棒を駆使する

　目の形状によっても変わってきますが、パンダ目を防ぐためには油分を防ぐのがコツ。そこで、メイクの仕上げに使うパウダーを、綿棒の腹やコットンを使って目もとにもはたいておきましょう。こうすることで余計な油分をパウダーに吸着させ、パンダ目の防止になります。このひと手間がパンダ目の境界線にもなるのです！

　さらに、アイラインを描いた上からパウダーシャドウを重ねたり、マスカラの上に透明タイプのコーティング剤を重ね塗りするとにじみにくくなります。

【目のタイプ別パンダ目の原因と対策】

　一重の方は、上まぶたの皮ふが厚めの人が多く、下まぶたに触れやすいためパンダ目の原因になりがちです。落ちにくいリキッドアイライナーを上まぶたのキワのみに引くといいでしょう。

　奥二重と二重の方は、二重で皮ふが重なる部分が崩れやすく、奥二重はとくに目頭寄りの皮ふが重なる部分がにじみやすくなります。アイラインは、目頭を避けて黒目のあたりから目尻にかけて引くと崩れにくくなります！

【ルースパウダーとプレストパウダー】

　前述した通り、ルースパウダーは粉状の〝お粉〟でしたが、その反対に、プレストパウダーは「pressed（押し固められた）」という意味合から、粉状のパウダーを押し固めた形状のパウダーです。〝おしろい〟も同じ意味合で、フェイスパウダー全般を指します。

② コンシーラーを使って

〝油汚れは油で落とす〟ように、コンシーラーの油分を利用して、パンダ目部分のにじみをオフしましょう。

マスカラもアイラインも油分を多く含んでいるので、コンシーラーを少量乗せて綿棒で優しく拭います。その後、薄くコンシーラーでリタッチすれば一石二鳥です。

また、アイライナーはペンシルよりもリキッドタイプが落ちにくく、マスカラはウォータープルーフのものがパンダ目になりにくいです。沢山ある種類の中から、自分の目の形状にあったものを探してみましょう。

【多機能コンシーラーでメイク直し】

コンシーラーは、肌ムラを整えてシミやニキビ跡をカバーし美肌に見せてくれるアイテムです。しかも日中のメイク直しにも併用ができます。

ポイントは、自分の肌色に近い色のコンシーラーを少量お肌に馴染ませて、ポイント的にお化粧直しをすることです。

ただし、コンシーラーはお肌へのフィット感が弱かったり、量が多すぎるとヨレてしまうので注意が必要です。

【ルースパウダーの色選び】

ほんのりのせる程度のルースパウダーは、薄めの肌色かノーマルカラーの白、ほんのり明るいピンクの3色！
◎ノーマル→テカリ防止に最適で素肌に近いナチュラル感
◎肌色 → カバー力に長けていてリキッド＋ルース＝しっかりメイク
◎ピンク→血色を上げ肌をワントーン明るいメイク

③ ルースパウダーを使って

「ルース」とは英語の〝loose（緩んだ、バラバラの状態）〟という意味で、ルースパウダーは粉状のサラサラしたパウダーのこと。ヴェールをかけたような、優しいふんわりとした質感を演出でき、パウダー自体は無色または薄い色味が多いため、ナチュラルに仕上がるのが利点です。パフ、ブラシでさっとつけれるため、テクニック要らずで使いやすいのも特徴です。

リキッドまたはクリームファンデーションなど、大抵は液体状のファンデーションの後に、肌に定着させて持ちを良くする目的でつけることが多く、外出先でのお化粧直しに重宝されています。

【上手なフェイスパウダーの付け方】

パウダーファンデーション同様に、パフやブラシを使いササッとお顔全体にお粉をはたきましょう。

その際の注意点として、プレストパウダーはルースパウダーに比べしっかり

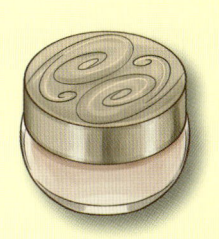

とつくので、ムラができないように塗る速度に注意して仕上げましょう。

パフでつけるのが難しい場合はブラシを使ったり、ルースパウダーを使うのがオススメです。

メイク直し

 【ブラシとパフ】

フェイスパウダー用のブラシとパフは清潔に保つように気をつけましょう。ブラシとパフが汚れていると、フェイスパウダーがキレイにのらなかったり、ニキビなど肌荒れの原因になってしまうこともあります。

メイク直しの時間が短くても

？ メイク直しできる時間がないときは？

！ ポイント部分のお直しをしましょう！

　本当は全部きれいにお直ししたいけれど、時間がないときや短いときには、ポイント部分だけのお直しでも大分印象が変わります。そんなシーンにあわせてポイント直しのコツをおさらいしましょう。

ポイントは……

1 チークを入れるだけ！

2 口紅を直すだけ！

3 パウダーだけ！

【きれいな仕上がりにする方法】

　メイク崩れしやすいからもっとしっかり直したい！　という方は、ルースパウダーをのせる前に〝スポンジに化粧下地をつけて気になる部分に軽くのせていく〟と、メイクしたてのようなきれいな仕上りになります！

① チークを入れるだけ！

メイクしたては完璧に仕上げられていたチークも、時間の経過とともに皮脂ヨレや髪の毛などで擦れて、チークがとれて血色喪失になっていませんか？

チークが消えてくすんでしまった時はお直しの際にパウダータイプのチークを使いましょう。クリームチークだとベースメイクのファンデーションがヨレやすくなります。注意するのはメイクしたての状態に無理に戻そうとしないこと。チークをさっと入れるだけでも、ひと肌トーンup して血色美人に！

【手間が省けるチークの使い方】

チークをナチュラルに上手に塗る方法は、意外とテクニックが必要。濃く塗りすぎで〝おてもやん〟風になってしまったり、頬だけ浮いてしまったり・・・

そんなときは、ファンデの前にチークを！〝チークは下地！〟と考えることで、トレンドのナチュラル頬を

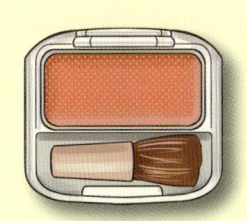

簡単に作れ、頬のくすみもカバーできてメイク直しも簡単です。

チークは一般的にメイクの最後の方に塗りますが、裏技として下地 → クリームファンデ → クリームチーク → パウダー の順にのせると、肌の内側から発色しているようなナチュラル仕上げに！

【乾燥を防ぐには？】

メイクの上から水や軽い化粧水のミストをかけただけでは、かえって乾燥を招くこともあります。乳液や重くないクリームを使い、乾燥で浮き上がったメイクをオフしつつ保湿しましょう。乾燥がひどいときは、拭き取らずそのままパウダーで押さえてもOK！

② 口紅を直すだけ！

　お顔のパーツの中でも、口もとは会話や表情の変化、飲食などで良く動くパーツですが、塗り立ての口紅が気がつくと取れてしまっていた・・・なんてことが誰しも経験があるのではないでしょうか？

　口紅を落ちにくくする方法はリップの項（☞ P186 〜参照）でも記述してきましたが、お直しの際の簡単な方法は綿棒とリップクリームやワセリンを使い、まずは崩れてしまったリップメイクを落とし塗り直しましょう。

　唇には皮脂膜がなく乾燥しやすいので、こうすることで唇もしっかり潤い、余分な口紅も落ち〝一石二鳥〟です。注意することは、綿棒で強くこすらないように優しいタッチで塗ることです。

【口紅だけでも〝メイクしてます〟感がでる】

　〝メイクが落ちても化粧直しする時間がない！〟そんなときに簡単にメイクをしてるっぽくみせるポイントがあるんです。

　それは〝リップメイク〟です。唇に色がのっ

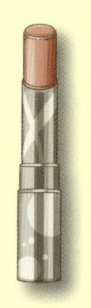

ていると、それだけで血色が良く見えてメイクしている感がでます。

　落ちにくい口紅の他にも、ティントリップや色付きリップクリームなど用途にあわせて使い分けましょう。

【〝夕顔〟のお疲れ顔には・・・】

　メイク崩れや〝夕顔〟のお疲れ顔には、チークで血色を良く見せたり、リップカラーをワントーン上げた色味に変えたりするだけでもお顔全体の印象が明るくなります。目の下にハイライトを入れる〝ポイント直し〟もオススメです！

3 パウダーだけ！

　フェイスパウダーは、主にファンデーションの仕上げとして用いますが、そもそもファンデーションとの違いはどんな点なのでしょうか？

　ファンデーションは、質感やトーンの補正、毛穴やシミをカバーしたり紫外線対策等の役割がメインですが、パウダーの役割は、主にファンデーションの仕上げとして用い、化粧崩れを防いだり、肌に重ねても厚塗り感がないので透明感が演出できます。サラサラな質感を保てるので〝お直し〟に重宝されています。

　ファンデーションより〝お粉〟の粒子が細かく、肌に重ねても自然な光沢感やしっとりとした質感をだせるものなど各種があります。

【フェイスパウダーの〝お直し〟方法】

　化粧直しをしてもなんだかきれいに直せない・・・という方に、ぜひ参考にしていただきたい化粧直し方法をご紹介します。

◎パフ編
　ルースパウダーをパフにのせたら、ティッシュか手の甲でパフをなでて馴染ませ、化粧崩れが気になる部分にポンポンと軽くのせていき、全体に馴染ませるようにパウダーがついていない部分でぼかしましょう。

【保湿が重要！】

　洗顔後はすぐに保湿し、スキンケアをていねいに行うことで、化粧ノリがよくなり化粧崩れも防ぎやすくなります。化粧水の成分にも注目し自分の肌質に合ったものを選びましょう。保湿のポイントは、その都度ハンドプレスを行い肌に密着させることです。

メイク直し

コラム 5
高齢者向け〝メイク術〟!

年代別お肌の悩みと対処法

20代までは、皮脂やニキビといった悩みが多かったのに対し、30代になってからはシミやシワ、ホルモンバランスの変化にともなう油分の減少やカサつき、毛穴の開きなどが悩みの上位にランクインしてきます。

40〜50代は、30代の悩みに加えシミやたるみの加速に悩まれている方が多く見られます。お肌の油分が減ってくる年代なので保湿に加え、クリームなどで油分も補うようにしましょう（目安は、ラップ1枚分くらいの量を薄くのばす程度に）。

60代〜シニア世代は、50代の悩みに加えエイジングからくる悩みが多く、以外と目立つのが、「お肌の乾燥」です。これは、加齢とともに「肌質」の変化によるもので、シニア世代の「お肌の乾燥」はシワやたるみの要因の一つに直結しています。

そこで、20代からでもできる筋肉や骨格に働きかける「筋トレ」で、いつまでも若々しくいられるようにケアをしていきましょう。

<ほうれい線やたるみを予防する頭皮マッサージ>

全身の筋肉は頭頂部から筋膜で繋がっているので、頭皮の硬直を解すことで顔のリフトアップやくすみケア、抜け毛や薄毛の改善に繋がります。

①親指以外の4本の指を使い、側頭部から頭頂部に向かい心地よい圧でギザギザと指を頭頂部の〝へこみ〟まで滑らせます。
②頭頂部の両脇にある、〝へこみ〟を前から順に指で押していくと、ほうれい線がキュッと上がるポイントがあります。

そこを、心地良い圧で後頭部まで刺激します。

③頭皮用のマッサージエッセンスなどを用いて頭皮を解したら、ブラシで頭皮を刺激する様にブラッシングし、頭皮全体の血行を促進させましょう（一日一度はブラッシングで血流促進することをオススメします）。

高齢者向け〝メイク術〟

<メイクセラピーとは？>

メイクセラピーとは、美容、医療、福祉などの分野において色彩学や印象分析の理論を備え、心理カウンセリングによってメンタルサポート（心理的援助）を目的としたメイクを施す技法です。

加齢や病気などにともない、遠ざかってしまったメイクを施すことで、外見の変化や心理的変化を促すセラピーです。

<メイクセラピーで得られる効果とは？>

メイクセラピーは、メイクを施すだけに効果があるのではなく、自分の肌に触れ、自分を労わり愛する原動力につながります。

お顔は、今の心や身体の状態や、これまでの人生が現れるといっても過言ではありません。

客観的に自分の顔を見て肌に触れるお化粧は、視覚、嗅覚、触覚を刺激します。また、予防医学やセルフケアの観点からもQOLを支える手段の一つであり、メイクを施すことで、気持ちが前向きになり今の自分に自信がつくと、人と会いたくなったり、社会性を持ち続ける機動力にもなるので生涯を輝かせる秘訣にも繋がります。

＜メイクが筋トレに !?＞

高齢者にとっては、実はお化粧が筋トレにもなるんです！ ある化粧品会社の研究結果によると、なんと食事の２～３倍もの筋力を使われているそうです。

そして、化粧をすると気持ちが前向きになり人と会いたくなる。〝化粧をするという行為は生きがいに直結していて、身体的、心理的、社会的にも効果がある〟といった研究結果もでているそうです。

＜メイクは女性だけのものではない！＞

お化粧と聞くと、まだまだ外見を装うもののイメージが強いかもしれませんが、ただ華やかに見せるだけがお化粧ではありません。

また、お化粧は社会と自分を結ぶツールのひとつであり、女性だけのものではありません。鏡を見て髭を剃ったり、身だしなみを整える時間は男性にとっても大切です。鏡を見ることは自分を客観視することでもあり、外見を気にすることは第三者を意識することです。自分への関心を高め、日常の中で自分の心と体に意識を向けることが幸福感と深く関係しています。

＜メイクに抵抗がある時は＞

お化粧に抵抗がある方や、事情によりできない方には、ハンドマッサージやスキンケアだけでも意味があります。また、爪先のケアをすることや、ネイルカラーなど、常に視界に入る

指先が綺麗に整えられていることは、心に与える影響もとても大きいようです。また、全体的なメイクでなくてもポイント的に口紅をつけるだけでも効果的です。

シニア世代のメイクのコツ！

＜今までのメイクに違和感を感じたら＞

「高齢にともないしわやたるみが目立ち、血色が悪くなり、目ヂカラも弱くなってきた」そんな悩みはつきものですよね？

しかし、若いときと同じメイクを続けている人は多いのではないでしょうか？　そんな方には、ポイントとして〝白・赤・黒を効かせること！〟をオススメします。

白は明るい肌色、赤は頬や唇の血色、黒はメリハリのある目周り。この３色が顔の中にあればメリハリがでて、誰でもきれいに見えます。

＜白、赤、黒の使い分けで
マイナス５歳メイク＞

白 ☞ 自分の肌色をよく観察し、くすみを和らげるピンク系や、ラベンダー系の化粧下地を使い肌色を血色アップさせましょう。

また、40代からは油分も補え艶やかな肌に見えるようなファンデーション選びをしましょう。

赤 ☞ 肌をカバーすることで消えた頬の赤み、小さくしぼんだ唇に血色感をプラスするのが、赤のメイクです。チークやリップで赤を効かせると、顔が華やぎ健康的な印象になります。

黒 ☞ アイブロウやマスカラ、アイライナーなどで目元をくっきりさせるのが黒のメイク。顔立ちを左右する部分ながら、苦手という人も多いパーツ。アイラインやマスカラは目の際に効かせることでメリハリを！

たるんだまぶたを持ち上げ、まつ毛際に入れるのがポイントです。

コラム6　真のアンチエイジングは
〝腸〟がカギだった！

　究極のエイジングケア〝腸活〟を
ほどこすインナーケアで若々しいお
肌をキープしましょう。

　〝腸は第2の脳〟ともいわれており、
人が誕生するとき、まず最初に作ら
れるのは脳ではなく腸だそうです。

　また、腸は神経が発達しているた
め脳の指令がなくとも自発的に働き、
腸と脳は密接に相関しています。

　40代から年々悪くなるといわれて
いる腸内環境を、このタイミングで
整えることでその後の若々しさに差
がついてきます。

　そして、日本人の死因第1位は悪
性新生物（癌）であり、女性の癌の
死因1位が大腸癌であることも周知
の事実です。

　腸は消化吸収を担う小腸と、便を
作る大腸から成り、小腸には細菌や
ウイルスから身体を守る免疫機能が
備わっています。

　大腸は健康の鍵を握っていて、600
～1,000兆個あるといわれている腸内
細菌が関係しています。

　腸内細菌には、善玉菌（ビフィズ
ス菌）や悪玉菌が存在しており、腸
内細菌のバランスを上手にコント
ロールし、善玉菌を増やすことで癌
や糖尿病、肥満、アレルギーやアト
ピーなどの予防になり、お肌も健や
かに若々しく保つことができます。

　また、免疫細胞の約7割は、腸管
に集中しており有害細菌やウイルス
を腸で撃退し体内に吸収させないよ
うな働きや、精神を安定させる作用
の通称〝幸福ホルモン〟…セロトニ
ンは、実は約90％が腸で作られてい
るそうです。

　老化の一因である悪玉菌を減らし、
美と健康に有益な善玉菌を増やし、
腸の老化（加齢とともに腸も老化す
る）を軽減させ、病気予防とアンチ
エイジングに努めましょう。

＜腸の老化現象とは？＞

　腸内細菌は、善玉菌（美と健康）と、
悪玉菌（老化や病気）と、日和見菌（状
況により善玉にも悪玉にも加勢する）
に分類されています。

　この3種類のバランスが整ってい
て、善玉菌が優勢な状態であれば〝美
腸〟とされています。

　一般的に健康な人の腸内細菌は、
20％が善玉菌、10％が悪玉菌、70％
が日和見菌とされていますが、加齢
とともに腸も老化し、悪玉菌が優勢
になることで肌や身体にもさまざま
な悪影響が生じてきます。

　ビフィズス菌や乳酸菌の商品で有
名な某大手企業の「腸年齢調査」に
よると、20代の腸年齢の平均は45.7
歳、30代は51.3歳、40代は54.2歳と、
どの世代も腸年齢が実年齢を上回り、
若い世代ほど実年齢との差が大きい
ことが分かりました。

　無理なダイエットや偏食などで食
事量が少ないと、良い便が作られず、
便の量が減ることで大腸にある食べ
かすの腐敗が進行し、有害物質が作
られることで腸の老化に繋がってし
まいます。

＜美腸は自分で作れます！＞

　内臓の中でも大腸は健康状態を自
分でコントロールできる唯一の臓器
です。

　美腸を目指すためには、善玉菌を
増やす食事や生活習慣が大切です。
キノコ類や海藻などの食物繊維や、
納豆や漬物、糀、チーズなどの発酵
食品の摂取に加え、ヨーグルトなど
の乳酸菌やビフィズス菌を積極的に
摂りましょう。

　ただし、一般的な乳酸菌を生きた
まま摂っても、熱や胃酸に弱いため、
ほとんどが死んでしまいます。死菌
の状態で届いた乳酸菌は、善玉菌の
餌となり良い影響もありますが、悪

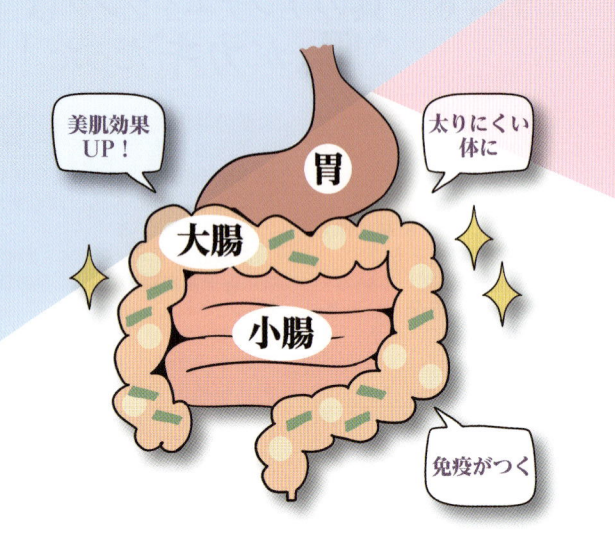

玉菌を撃退する生菌としての働きはなくなってしまいます。

そのため、もともと棲んでる善玉菌を増やす〝育菌〟が重要となります。

食品の中でも納豆菌は育菌に適しており、危険な環境でも自らを守るための〝芽胞〟というバリアを作ります。

芽胞ができると、胃酸にも負けず生きたまま腸まで届き、悪玉菌を撃退したりビタミンを作ったり、善玉菌として働きナットウキナーゼを分泌します。

納豆菌の効果的な摂り方は、一日1パックの納豆を20分位常温にさらし、賞味期限ギリギリまで発酵を促してから、夜に食すのがオススメです。朝より夜に食すことで、血液サラサラ、安眠熟睡効果が期待できます。

また、食事以外にも適度な運動をすることも、腸を動かし快便にすることで美腸と美肌と健康を手にいれることができます。

＜腸と自律神経＞

前述したように、〝腸は第2の脳〟

ともいわれ、脳と腸は密接に繋がっていて、身体に害のあるものが腸に侵入すると、それが瞬時に脳に伝わり反応します。それが下痢です。また反対に便秘やガスが溜まるなど腸が異常を感じれば、すぐ脳に届いて胃腸の働きを鈍らせることもあります。

そしてもう一つ、腸には他の臓器にはない特徴があります。それは、腸は自律神経とも密接な関係があるということです。

自律神経は、自分が意識せずとも自動的に働いてくれる神経ですが、腸内フローラを整えて腸の働きを良くすると自律神経が整います。また自律神経が整っていると腸の働きも良くなります。

このように、腸と自律神経は密接に相関しています。

自律神経は、交感神経（緊張モードの神経）と副交感神経（リラックスモードの神経）に分けられ、これらがバランス良く働くことで自律神経の調和が保たれています。

コラム 7
どこでもできる〝小顔マッサージ〟

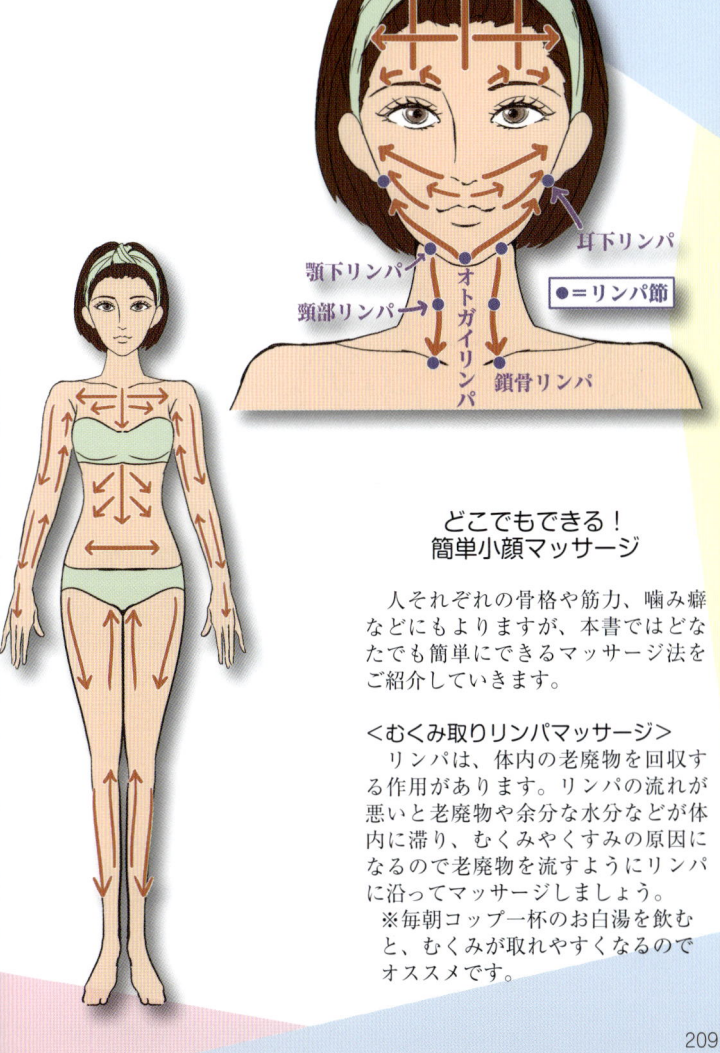

耳下リンパ

顎下リンパ

頸部リンパ

オトガイリンパ

●＝リンパ節

鎖骨リンパ

どこでもできる！
簡単小顔マッサージ

　人それぞれの骨格や筋力、噛み癖などにもよりますが、本書ではどなたでも簡単にできるマッサージ法をご紹介していきます。

<むくみ取りリンパマッサージ>
　リンパは、体内の老廃物を回収する作用があります。リンパの流れが悪いと老廃物や余分な水分などが体内に滞り、むくみやくすみの原因になるので老廃物を流すようにリンパに沿ってマッサージしましょう。
　※毎朝コップ一杯のお白湯を飲むと、むくみが取れやすくなるのでオススメです。

209

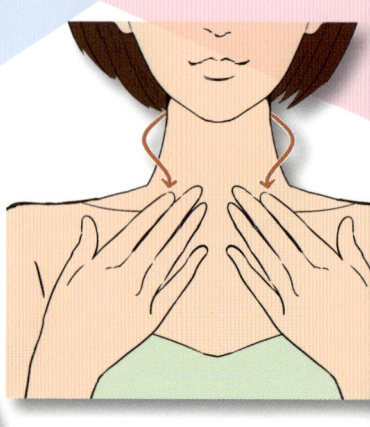

<鎖骨リンパ〜肩解し>

　頭蓋骨と首の付け根から腕の付け根までを、円を描くようにずらしながら解したら、鎖骨の下から鎖骨中央のくぼみに向かって指の腹でなでるように流します。

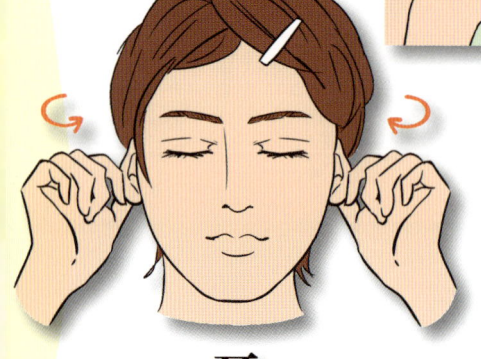

耳

<耳下腺リンパ〜耳解し>

　両手の人差し指と中指で両方の耳を挟み、前から後ろへ円を描くように優しく回します。
　その後、両手の平を鎖骨くぼみに向かって流します。

<目をパッチリ！眉毛と眉間の
　　　　　　　　　コリ解し>

　両手で眉毛を摘まむようにして、眉毛と額の筋肉を解します。
　両拳の平らな面で眉間からこめかみ方向へくるくると回しながら解します。最後にこめかみをギュ〜っと抑えます。

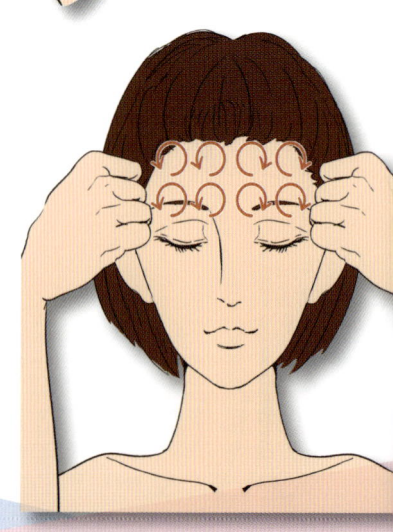

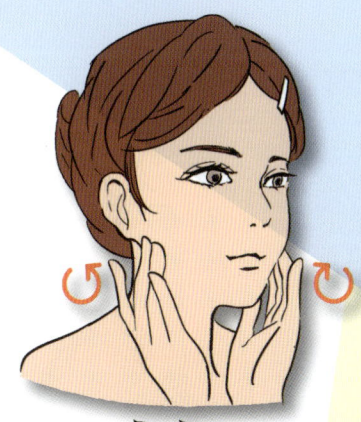

えら

<＜顎下リンパ～二重顎
　　　　　リフトアップ＞>

　両手の親指の腹をエラの下の
くぼみにあて、エラの下から顎
先に向かい数カ所指圧しながら
流します。
　その後、心地よい圧で顎から
耳の下に向かい親指以外の指の
腹で摩りあげリフトアップをし
ましょう。

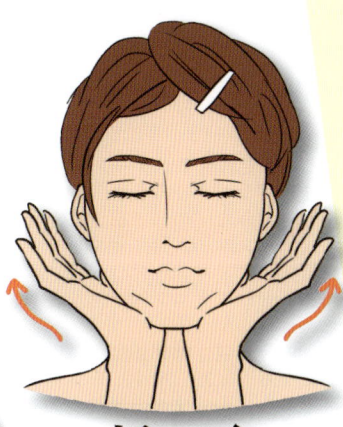

頬の下

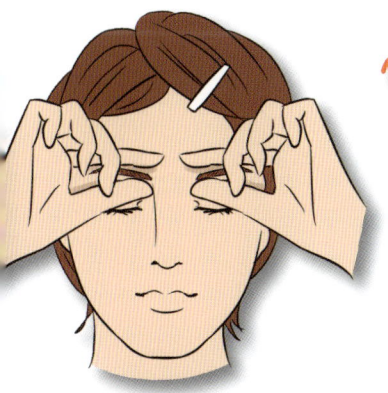

眉頭

＜お風呂で頭皮マッサージ＞

　髪のパサつきやうねり、顔のたるみやくすみなどのエイジングサインには、バスタイムに頭皮マッサージを施すことで身体をリラックス状態に導き、セロトニンの分泌を促しましょう。

　人の身体は、深部体温が下がると眠くなる（入眠しやすい）メカニズムをもっていますが、現代人の多くは質の良い睡眠がとれていない人が多いそうです。

　その理由の一つに、身体の深部体温の調整が上手くできていないことがあげられます。

　眠る1時間半前までに、38〜39℃のぬるめのお風呂にゆっくりつかり、身体の深部を温めることが大切です。

　また、深部体温が上がった状態での頭皮マッサージはとても効果的で

すので、入浴の際に同時に行うと良いでしょう。

①シャンプーや頭皮マッサージ用オイルを使用し、指の腹を細かく動かしながら頭頂部に向かって揉むように引き上げます。

②毛流れとは逆に側頭部から引き上げたら、後頭部から首までリンパに沿ってほぐしましょう。後頭部から首辺りまでをしっかり温めほぐすと血行が促進され、身体の深部体温が上がりやすくなります。

コラム8
いろいろな〝コンタクトレンズ〟

　コンタクトレンズは一般的には ハードタイプとソフトタイプに分け られます。

　普通のコンタクトレンズの他にも さまざまな種類があり、瞳を縁取り し黒目を大きく見せるサークルレン ズや、瞳に色をつけたように見せる カラーコンタクト（カラコン）など があります。

　また、人は約8割の情報を視覚か ら得ているといわれており、眼鏡と コンタクト装着時の視界の広さを比 較すると、眼鏡装着時の視野は約 120度なのに対し、コンタクト装着 時の視野は約180度を獲得できると いわれています。

＜コンタクトのメリットと デメリット＞

　眼鏡からコンタクトに変えること で、外見上のイメージの変化にとも ない、似合うファッションの幅が広 がったり、スポーツ時に邪魔になら なくなり視界が広がる、近視や乱視 の度数が強くても強制が可能なこと などがメリットとしてあげられます。

　また、カラコンを使うことで普段 とは違った雰囲気を作ることができ るなど、オシャレの幅も広がり若者 を中心に人気があります。

　デメリットとしては、コストの問 題や目の健康上の問題（目の病気） があげられます。

　その中でも、カラーコンタクトレ ンズ（カラコン）で問題になってい るトラブルの多くに「色素沈着」が あげられます。

　装着中にレンズの着色剤が角膜に ついてしまうトラブルです。

　そのような状態のまま使い続ける と、痛みや充血のほか、角膜に炎症 をおこす目のトラブルを招くことが あります。

　また、レンズの種類によっては表 面を綿棒などで擦っただけで色素が はげ落ちるものもあるので、カラコ

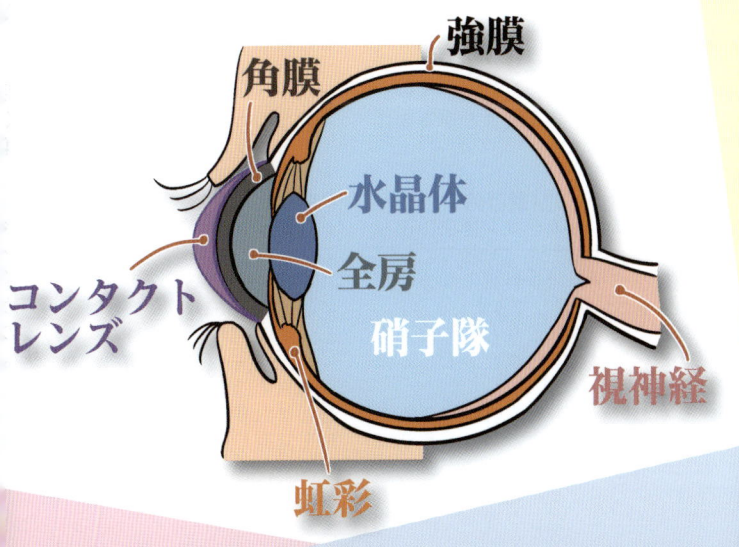

強膜

角膜

水晶体

全房

コンタクト レンズ

硝子隊

視神経

虹彩

213

ン選びの際には色素が直接眼に触れない構造になっている製品を選ぶことや、眼科できちんと健診を受け正しい扱い方やケア方法の指導を受けることが大切です。

また、直接角膜に装着するレンズなので、目の病気に罹らないよう清潔に取り扱いケアすることが重要になります。

＜上手なカラコン選びのコツ＞

自分にあったカラコン選びに迷った時は、「着色直径」といって、レンズの模様や柄の一番外側の部分の直径の大きさに注目してみましょう。

たとえば、本来よりも目を大きく見せたい時は、着色直径が大きめの物を選ぶとよいでしょう。

しかし、もともと黒目が小さい方の場合着色直径が大き過ぎるカラコンを装着すると、白目部分が広く覆われることになり、レンズのデザインによっては、白目が透けて縁が浮き上がったように見えてしまうこともあります。

そんな時は、黒目の直径よりもわずかに大きい着色直径のものを選ぶと違和感なく自然な雰囲気が演出できます。

＜コンタクトレンズの正しいケア＞

コンタクトレンズの消毒は、すすぎ・消毒・保存が一本の液で行えるMPS（マルチパーパスソリューション）がレンズケアの中心であり、その利便性から多くのユーザーが存在しますが、MPSの正しい使い方ができている方はどのくらいいるのでしょうか？

MPSの主成分は界面活性剤で、洗浄効果のほかにある程度の殺菌力も有しており、ケースでの保存中に作用を発揮しますが、レンズの擦り洗いをせずに保存していませんか？MPSの特徴として擦り洗い＋すすぎを行うことで、レンズに付着したバ

イオフィルムなどの微細な汚れを取り除き、感染症の予防に有効です。
また、ケースに付着している細菌

や汚れから感染する可能性もあるので、レンズを装着後はケースも清潔に保つことが大切です。

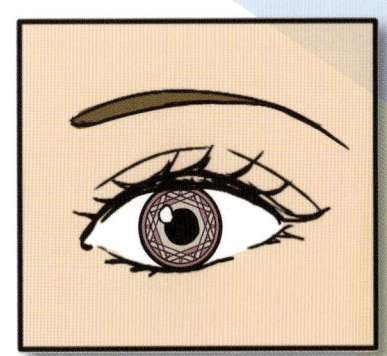

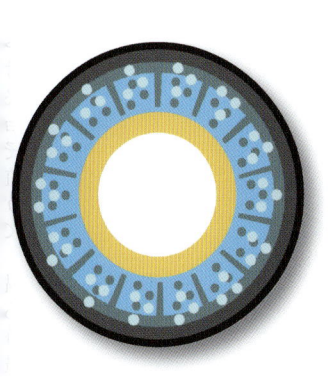

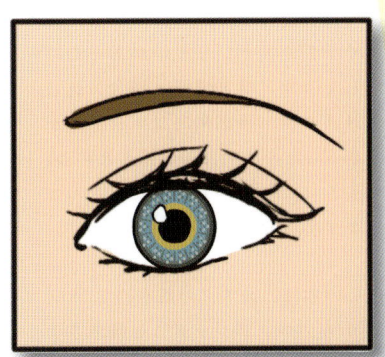

編集後記

この本を手に取って下さった読者の方は、何歳頃にメイクを始めたのでしょうか？

私がメイクに興味を持ったのは女子高生の頃で、ある日のホームルームで師がこんなことを言っていたのを思い出します。

「皆は今が一番美しい時期でメイクをしなくても十分可愛いんだよ。先生みたいに年を重ねると、メイクをしたくなくてもしなければならないし、隠したい所が増えてくるから嫌というほどメイクをする時がこれから来るから・・・」と。

その当時は、覚えたてのメイクが楽しい時期で、あれやこれやと自分に似合うメイクを探求する余りに、学生らしくないほどのフルメイクだったのかもしれません・・・。

今当時を振り返ると、師が伝えたかったことの一つに「TPOにあったメイクを！」という思いがあったのでしょうか。時と場所と場合に応じたメイクや、年齢相応なオシャレができることが大切だと認識したのは、社会人になってからだったのかもしれません。

この本は、メイクの基本的なHow toから、コンプレックスを軽減させるような裏技のほか、高齢の方々に向けてのアンチエイジング方法や、メイクを通しての身体との関係性などについてもふれています。

メイクを始められた読者世代に知っていて欲しいことや、上級者の方にも「ふ〜ん」と思うことなどを丁寧に分かりやすく纏めました。

トレンドは時代背景により変化しつづけ、繰り返し、さまざまなアイテムや技法が溢れかえる程に存在しています。

〝ありのままの自分〟を大切に、より一層引き立てられるようなメイクのお手伝いができたら幸いです。

最後までお読みいただきました読者の皆様に心より感謝申し上げます。
（早わかり ネタ帳 シリーズ編集部）

早わかり Oh! 仕事

（ニッチな）専門職を集めた
お仕事の紹介本

100業種それぞれの仕事に就くまでの基本的な流れを解説。年収、学校、資格など、知りたい情報が満載です。

B6変形判・オールカラー
236ページ
定価（税別）
1,000円

ニッチな Oh! 仕事　掲載業種⇨染色工／きものアドバイザー／ネイルアーティスト／ピアノ調律師／トイクリエイター／プロ棋士／プロ雀士／スポーツ審判員／アウトドアインストラクター／漆職人／鍛冶屋・刀匠／瓦葺き職人／指物師／染物職人／畳職人／葬儀屋／納棺師・湯灌師／僧侶／神職／巫女・イタコ／神父・牧師／鳶職／宮大工／古民家解体作業員／ハウジングアドバイザー／測量士・測量士補／整体師／柔道整復師／鍼灸師／セラピスト／視能訓練士／歯科技工士／動物園飼育員／水族館スタッフ／ドッグトレーナー／初生雛鑑別師／ほか

【問い合わせ先】㈱日本出版制作センター　TEL 03-3234-6901
〒101-0051 東京都千代田区神田神保町2-5 北沢ビル4F

作る人も食べる人も、幸せになれるレシピ本

小麦、卵、乳製品、お肉、お魚、お砂糖不使用
マクロビオティック、リビングフードを基本に
美しく健康になれるレシピ絵本

Happiness Veggy
ハピネス ベジィ

"Love Letter for you"

平田 未来

Happiness Veggy
（ハピネス ベジィ）

著者／平田未来

体裁：A5判、112ページ
定価：1500円（税・送料別）

かわいい 90 レシピ

小麦、卵、乳製品、お肉、お魚、お砂糖不使用
マクロビオティック、リビングフードを基本に
美しく健康になれるレシピ絵本

眺めるだけでいやされる絵本レシピ。❤
絵画のような表紙はお店を華やかに演出します。

株式会社日本出版制作センター TEL **03-3288-2177**

Oh!-shigoto シリーズナビゲーター
Oh!-big さんの LINE スタンプ発売中！

QRコードを読み取ってね！

色んな場面で使えるよ

Oh- ビックさん

就活生の皆さんを支える紳士さん。
あなたの気持ちに寄り添って就職
活動を応援してくれます。
時々煽ります。

【表紙・イラスト】福田祐紀子
【本文・DTP】本郷　彩
【編集】早わかり ネタ帳シリーズ編集部

早わかり メイクの秘密
定価 1,500 円（税別）

平成 31 年 3 月 18 日初版発行

発 行 人：川 辺 政 雄

発 行 所：株式会社日本出版制作センター

〒 101-0051　東京都千代田区神田神保町 2-5 北沢ビル

電話 03-3234-6901　　FAX03-5210-7718

印 刷 所：株式会社日本出版制作センター

〒 101-0051　東京都千代田区神田神保町 2-5 北沢ビル

電話 03-3234-6901　　FAX03-5210-7718

ISBN978-4-902769-27-2 C0077